TRAINING

Gymnasium

Französisch –
Fit für die Oberstufe

Simone Bernklau

Umschlagbild: © Soloviova Liudmyla / Shutterstock.com

© 2021 Stark Verlag GmbH
www.stark-verlag.de
1. Auflage 2015

Inhalt

Vorwort

🔊 **MP3-Dateien**

Achats sur Internet
Job d'été dans une assurance
Noël en famille
Jeunes en entreprises
Le petit job
La Normandie
Échange individuel
La Réunion
Actualités du jour
Le racisme

Hinweis: Auf die Audio-Dateien können Sie über die Plattform **MyStark** zugreifen. Ihren Zugangscode finden Sie auf der Umschlaginnenseite.
Sprecher*innen der MP3-Dateien: V. Weidenfeld, S. Tourneur, M. Zimmermann

Autorin: Simone Bernklau

Vorwort

Liebe Schülerin, lieber Schüler,

mit dem Übertritt in die Oberstufe beginnt für Sie der abschließende Abschnitt der Schulzeit, an dessen Ende Sie die Abiturprüfung ablegen werden. Dieser Band erleichtert Ihnen den Übergang in diese Phase. Sie haben die Möglichkeit, die vier zentralen Kompetenzen auf einem Niveau zu üben, das Sie an das der Oberstufe heranführt.

- **Compréhension écrite:** In diesem Kapitel trainieren Sie Ihre Leseverstehenskompetenz. Vokabelangaben helfen Ihnen dabei, auch schwierige Textpassagen zu verstehen. Verschiedene Aufgabenformate wie Multiple-Choice, Vrai/faux oder Fragen zum Text ermöglichen es Ihnen, zu überprüfen, ob Sie den Text wirklich verstanden haben.

- **Compréhension orale:** Die Hörverstehenskompetenz ist beim Fremdsprachenerwerb elementar. Lesen Sie sich bei jedem Hörtext zunächst die Vokabelangaben und die Aufgaben genau durch. Bearbeiten Sie anschließend die Übungen und beachten Sie dabei, wie viele Hördurchgänge vorgesehen sind.

- **Médiation:** Im modernen Fremdsprachenunterricht hat die Sprachmittlungskompetenz einen festen Platz erhalten. Sie finden in diesem Kapitel sowohl Übungsaufgaben in Richtung Deutsch → Französisch als auch Französisch → Deutsch. Beachten Sie beim Verfassen der Lösung stets die Aufgabenstellung. Diese gibt vor, für wen Sie den Text in die andere Sprache mitteln, welche Textsorte gewählt und welche Aspekte des Textes ausgewählt werden sollen.

- **Production écrite:** Sie finden hier zehn Übungsaufgaben, mit denen die zentralen Anforderungen abgedeckt werden. Vom Monolog und Dialog über eine Cartoon-Analyse und eine Statistikauswertung bis zum *commentaire personnel* haben Sie hier eine Fülle von Möglichkeiten, Ihre Schreibkompetenz zu trainieren.

Viel Erfolg beim Übertritt in die Oberstufe!

J. Bernklau

Simone Bernklau

Compréhension écrite

📖 FranceMobil

FranceMobil est une initiative commune de la fondation Robert-Bosch-Stiftung et de l'Ambassade de France en Allemagne. Depuis 2002, douze lecteurs et lectrices voyagent à travers l'Allemagne pour faire découvrir la langue et la culture françaises aux élèves allemands dans les écoles maternelles et primaires, les lycées ou les établissements professionnels. Le but est simple : donner envie d'apprendre le français aux jeunes Allemands.

Laura Gilles

1   Bonjour bonjour !

Je suis Laura, j'ai 24 ans et je viens de Marseille (avec l'accent, s'il vous plaît), une très belle ville sur la côte méditerranéenne. Le

5   temps y est toujours magnifique ! (ou presque). Peut-être que vous n'avez jamais encore été à Marseille, mais je suis sûre que vous connaissez l'Olympique de Marseille, notre équipe de football (ils ne sont pas toujours les meilleurs

10   sur le terrain mais pour nous ils le sont toujours dans nos cœurs).

Depuis toute petite, je me suis passionnée pour la langue allemande. Plus tard, j'ai étudié l'histoire et bien entendu l'allemand et je voulais à tout prix habiter en Allemagne, et voilà, quelques temps plus tard, m'y voilà ! D'abord à Bonn, puis à Berlin en tant qu'assistante[1] de français,

15   puis à Leipzig en tant que lectrice[2] FranceMobil !

Je suis très heureuse de pouvoir être bientôt sur les routes avec ma Kangoo[3] et d'avoir la possibilité de découvrir vos trois Länder, la Saxe, la Saxe-Anhalt et la Thuringe mais surtout de faire VOTRE connaissance !

À bientôt !

© *Französische Botschaft in Deutschland – Emmanuelle Bru*

Vocabulaire

1 en tant que : comme ; 2 la lectrice : *Lektorin* ; 3 la Kangoo : nom d'une voiture Renault

Eugénie Willaume

1 Bonjour !

Je m'appelle Eugénie, j'ai 23 ans et je suis votre nouvelle lectrice FranceMobil en NRW ! Originaire de Paris, j'y ai passé mon enfance et
5 effectué[1] la plus grande partie de ma scolarité[2]. C'est là que sont mes plus beaux souvenirs de jeunesse comme les parties de cache-cache[3] géant[4] ou les pique-niques dans le parc des Buttes Chaumont. Puis ma famille
10 a déménagé en Picardie, à Amiens dans le nord de la France. Connaissez-vous la cathédrale d'Amiens ? Elle est beaucoup plus imposante que Notre Dame de Paris !

Cependant, j'ai découvert l'Allemagne grâce au programme Voltaire[5] ! Durant les cinq mois que j'ai passés à Berlin, j'ai eu la chance de
15 pouvoir découvrir la culture, la jeunesse et la nourriture allemande. Cette première immersion[6] en Allemagne m'a énormément plu et c'est ainsi que j'ai décidé de poursuivre des études d'allemand. Au cours de ces études est né mon désir de faire partager ma soif de découverte et d'échanges avec des jeunes allemands.

20 Ainsi l'an dernier, j'ai été assistante de français dans une école primaire de Berlin et suis prête à présent à sillonner[7] les routes de Rhénanie-du-nord-Westphalie[8] pour venir à votre rencontre et vous faire partager « à la bonne franquette »[9] la culture et la langue de mon pays.

© Französische Botschaft in Deutschland – Emmanuelle Bru

Vocabulaire

1 effectuer qc : ici : passer qc ; 2 la scolarité : le temps pendant lequel un enfant va à l'école
3 le cache-cache : Versteckspiel ; 4 géant, -e : très grand, -e
5 le programme Voltaire : programme d'échanges scolaires
6 l'immersion (f.) : Eintauchen, Hineinschnuppern ; 7 silloner qc : etw. abfahren
8 la Rhénanie-du-Nord-Westphalie : Nordrhein-Westfalen
9 à la bonne franquette (fam.) : ganz zwanglos, einfach

Émilie Bertrand

1 Bonjour à vous !

Cette année scolaire, c'est donc moi qui viendrai vous rendre visite : je m'appelle Émilie, j'ai 26 ans et j'arrive avec motivation pour
5 poursuivre les missions de mes prédécesseurs[1] et transmettre[2] le goût de la langue et de la culture française aux élèves de Berlin et du *Brandenburg* !

Je suis originaire de l'ouest de la France :
10 je suis née à Bordeaux (son centre-ville classé au patrimoine de l'Unesco[3], les magnifiques rives du fleuve la Garonne et bien sûr les vignes[4] où est produit le vin si célèbre) et j'ai vécu toute mon enfance dans la région Poitou-Charentes (l'océan Atlantique, les îles, le port de La Rochelle et la belle ville médiévale[5] de Poitiers sont autant de lieux
15 dont je pourrais vous parler pendant des heures). Avant FranceMobil, j'ai travaillé en France dans un théâtre et ai construit beaucoup de projets culturels avec l'Allemagne. J'ai ensuite vécu à Tübingen dans le Bade-Wurtemberg et je rêvais de m'installer un an à Berlin : me voici !

Dans ma Kangoo, j'apporterai avec moi beaucoup de musiques et de
20 chansons francophones, des jeux de mots, des jeux de théâtre, des livres et des idées amusantes afin de[6] découvrir ensemble beaucoup de choses sur la France et sa langue. N'hésitez pas à me contacter, je serais très heureuse de pouvoir venir à votre rencontre !

© *Französische Botschaft in Deutschland – Emmanuelle Bru*

Vocabulaire
1 le prédécesseur : *Vorgänger(in)* ; 2 transmettre qc : *etw. weitergeben*
3 le patrimoine de l'Unesco : *Unesco-Weltkulturerbe* ; 4 la vigne : *hier: Weinberg*
5 médiéval, -e : *mittelalterlich* ; 6 afin de faire qc : *pour faire qc*

Agnès Lamacz

1 Bonjour à tous,

J'ai le plaisir d'être votre lectrice FranceMobil. Je m'appelle Agnès et je viens de Rouen, capitale de la Haute-Normandie. Rouen est à 5 mi-chemin entre Paris et la mer – idéal ! Connaissez-vous cette ville ? Oui, j'en suis sûre ! Jeanne d'Arc, Racine, Flaubert, les impressionnistes, la magnifique cathédrale peinte[1] par Monet, les petites rues médiévales 10 au milieu de la ville… et son équipe de hockey sur glace. Non ? Alors vous avez trouvé votre prochaine destination de vacances ! Peut-être en juin, pour la célèbre Armada, une rencontre de voiliers venant du monde entier.

J'ai quitté Rouen et Paris, où j'ai travaillé dans le marketing, l'an 15 dernier pour la ville – tout aussi jolie – de Münster. J'y ai travaillé comme assistante de français et j'ai enfin pu retrouver mes thèmes de prédilection[2] : les langues étrangères et l'apprentissage interculturel. J'avais ainsi enfin la possibilité non seulement d'enseigner ma langue aux élèves allemands, mais aussi de leur faire découvrir un peu plus la 20 culture française – avec un atelier de théâtre, des films, des chansons, des concours, etc. Il a été difficile de quitter Münster à son tour, mais je me réjouis[3] de ma nouvelle vie à Freiburg et chez FranceMobil.

Bis bald !

© Französische Botschaft in Deutschland – Emmanuelle Bru

Vocabulaire

1 peint, -e : *gemalt* ; 2 de prédilection : préféré, -e ; 3 se réjouir de qc : *sich auf etw. freuen*

Claire Cadart

1   Bonjour !

Je m'appelle Claire et je viens d'Hazebrouck, une petite ville du département
« Nord », qui, comme son nom l'indique, est
5   au Nord de la France ! Comme ma région se
trouve à la frontière avec la Belgique, nous
partageons beaucoup de spécialités, par
exemple les gaufres[1] et la bière. Nous avons
aussi hérité[2] de nombreux mots flamands,
10   comme le nom de ma ville, « Hazebrouck », « le marais[3] du lièvre[4] ». J'ai
aussi d'autres lieux favoris en France : la Bretagne, où je vais tous les ans,
et Strasbourg, où j'ai fait une partie de mes études !

J'ai commencé à apprendre l'allemand au collège, mais mon vrai
coup de foudre avec la langue et la culture allemandes remonte à mon sé-
15   jour comme jeune fille au pair à Nuremberg. J'y ai découvert les joies du
Kaffee und Kuchen, et mon concept préféré en allemand, die *Gemütlich-
keit*. L'année suivante, je suis partie comme assistante de langue en
Angleterre. L'expérience d'enseignement m'a beaucoup plu, mais l'Allemagne me manquait et j'attendais avec impatience d'y revenir. Me voici à
20   Stuttgart, pour parcourir[5] les routes du *Baden-Württemberg,* et venir à
votre rencontre !

Je me réjouis de partager avec vous ma langue et ma culture, et de continuer à découvrir ce beau pays qu'est l'Allemagne !

À très bientôt !

© Französische Botschaft in Deutschland – Emmanuelle Bru

Vocabulaire

1 la gaufre : *Waffel* ; 2 hériter de qc : *etw. erben* ; 3 le marais : *Sumpf* ; 4 le lièvre : *Hase*
5 parcourir qc : *etw. durchfahren*

1 Complétez le tableau. Mettez « ∅ » si l'information n'est pas dans le texte.

	ville d' origine	informations sur la ville/ la région d' origine	formation ou travail en France	séjours/travail en Allemagne (quelle ville ?)
Laura Gilles				
Eugénie Willaume				
Émilie Bertrand				
Agnès Lamacz				
Claire Cadart				

2 Répondez aux questions suivantes. Utilisez vos propres mots si possible.

Laura Gilles

a) Comment est-ce que Laura décrit la relation entre les Marseillais et leur équipe de football ?

_____

_____

_____

b) Qu'est-ce qu'elle dit sur le temps à Marseille ?

_____

_____

_____

Eugénie Willaume

c) De quoi est-ce qu'Eugénie se souvient quand elle était petite ?

_____

_____

_____

d) Quelles sont les trois choses qu'elle a découvertes grâce au programme Voltaire ?

_____

_____

_____

Émilie Bertrand

e) Qu'est-ce qu'Émilie a organisé au théâtre ?

_____

_____

_____

f) Qu'est-ce qu'elle veut présenter aux élèves allemands ?
Donnez deux exemples.

_____

_____

_____

Agnès Lamacz

g) Pourquoi est-ce qu'Agnès trouve idéal de vivre à Rouen ?

_____

_____

h) Qu'est-ce qu'elle a fait avec ses élèves quand elle était assistante de français ? Donnez deux exemples.

_____

_____

_____

Claire Cadart

i) Pourquoi est-ce que Claire connaît la ville de Strasbourg ?

_____

_____

j) Où est-ce qu'elle a vécu après son année en Allemagne et qu'est-ce qu'elle y a fait ?

_____

_____

_____

Onze mois de tournée en Allemagne

Portrait | Son master franco-allemand terminé, Anaïs Pouget prend la direction de la Bavière du sud.

1 À bientôt 24 ans, Anaïs Pouget s'apprête[1] à sillonner[2] l'Allemagne pour transmettre le goût de la France aux enfants.

Anaïs Pouget n'en est pas à son coup d'essai[3]. L'Alle-magne, elle connaît.
5 D'ailleurs, quand elle s'exprime en français, c'est parfois le mot alle-mand qui lui vient en premier à la bouche. Pourtant, au lycée, comme
10 tout le monde, elle trouvait cette langue difficile. Le goût de l'étranger, c'est sa mère qui le lui a transmis. «Maman a souvent accueilli des étu-diants étrangers à la maison. Austra-
15 liens, Norvégiens…» se souvient cette rouquine[4], originaire de Berti-gnat.

Allemagne, Espagne, Autriche, Anaïs a habité partout

Le déclic[5] a eu lieu[6] après le bac. «Je suis partie un an en Autriche […]. J'y
20 ai découvert la culture allemande et j'ai adoré ça». Méthodique à l'ex-trême, voire[7] «maniaque», la jeune fille a été séduite[8] par l'organisation germanique. «Là-bas, tout est à sa
25 place». Elle a donc opté[9] pour une licence franco-allemande et enchaîné[10] sur un master. Ce qui lui a permis de passer deux ans à Regensburg (Ba-vière) et un an à Madrid. En sep-
30 tembre, elle s'apprête à poser ses va-lises du côté de Munich.

Une mission de onze mois

Sa mission, son «premier vrai job» : donner envie aux jeunes d'apprendre le français. Anaïs Pouget interviendra
35 dans le cadre du projet «FranceMo-bil», mis en place par l'ambassade[11] de France en Allemagne et la Robert-Bosch-Stiftung […]. «Il s'agit d'une mission sur onze mois» détaille cette
40 passionnée. «Je suis chargée[12] d'aller à la rencontre du plus d'école pos-sible. Je passe près d'une heure avec chaque classe. Et quand je repars, il faut que j'aie convaincu les élèves de
45 choisir le français comme deuxième langue vivante. Ou bien de ne pas l'abandonner[13] ! ».

Son entretien d'embauche a eu lieu à Berlin. «Il fallait s'exprimer à la
50 fois en français et en allemand ». Mais quand on a l'expérience d'Anaïs, c'est un jeu d'enfant. «Le plus dur, quand on étudie à l'étranger, ce sont les for-malités administratives. Quand tu as
55 passé le test de la bureaucratie, pour t'inscrire à la fac[14], pour trouver un appart, tu es vraiment fier ! ».

D'autant[15] que les «entretiens d'embauche[16] » ne se sont pas arrêtés
60 là. «Pour trouver un appartement à Munich, j'ai passé sept ou huit ‹cas-tings›» plaisante la jeune fille, qui se retrouve complètement dans la scène

de l'*Auberge espagnole*[17] […]. « Parfois, pour intégrer une colocation[18], je me suis retrouvée dans un salon avec dix autres candidats. Il a aussi fallu que je remplisse des formulaires ! ».

Finalement, elle a été « recrutée » dans une collocation mixte. Ils seront quatre : deux garçons, deux filles. Et elle sera la seule Française. « L'avantage, c'est que nous travaillerons tous. Il ne sera pas question de faire la fête jusqu'à 4 heures du matin tous les jours. De toute façon, ce rythme-là, ça ne me plairait plus ».

Jamais sans sa poêle à crêpes

Dans sa valise pour l'Allemagne, Anaïs n'oubliera pas sa poêle[19] à crêpe. « C'est un outil indispensable ! C'est un moyen de se faire des amis et surtout de leur faire découvrir qui je suis et d'où je viens ». En effet, s'expatrier[20], ce n'est pas forcément facile. « Il ne faut pas perdre le contact avec la maison. Mais il ne faut pas non plus passer ses journées sur skype […]. Il faut réussir à s'intégrer ». Et surtout, en Allemagne, « apprendre à boire de la bière en grande quantité » conclut-elle en riant.

Emeline Collet: Onze mois de tournée en Allemagne (15 août 2010) © LA MONTAGNE

Vocabulaire

1 s'apprêter à faire qc : se préparer à faire qc ; 2 sillonner qc : *etw. abfahren*
3 elle n'en est pas à son coup d'essai : elle ne le fait pas pour la première fois
4 rouquin, -e : *rothaarig* ; 5 le déclic : *Auslöser* ; 6 avoir lieu : *stattfinden* ; 7 voire : *(ja) sogar*
8 séduire qn : *jdn. verführen* ; 9 opter pour qc : choisir qc ; 10 enchaîner sur qc : continuer par qc
11 l'ambassade (f .) : *Botschaft* ; 12 chargé, -e de qc : responsable de qc
13 abandonner qc : *ici* : arrêter qc ; 14 la fac (fam.) : l'université (f.) ; 15 d'autant que : *zumal*
16 l'entretien (m.) d'embauche : *Vorstellungsgespräch*
17 Auberge espagnole : film qui parle d'étudiants étrangers partageant un appartement
18 la colocation : *Wohngemeinschaft* ; 19 la poêle : *Pfanne*
20 s'expatrier : quitter son pays pour vivre à l'étranger

3 Vrai ou faux ? Cochez (✗) et corrigez les phrases fausses.

		vrai	faux
a)	Anaïs parle bien l'allemand.	☐	☐
b)	Des étudiants étrangers ont déjà habité chez Anaïs.	☐	☐

c) Après le bac, Anaïs a passé une année en Allemagne. ☐ ☐

_____

d) Anaïs a aimé l'organisation des habitants du pays d'accueil. ☐ ☐

_____

e) Avec FranceMobil, Anaïs passe un matin avec chaque classe. ☐ ☐

_____

f) Anaïs s'est présentée à Munich pour participer au projet
   FranceMobil. ☐ ☐

_____

g) L'entretien d'embauche était dans sa langue maternelle. ☐ ☐

_____

h) Anaïs va habiter dans une collocation à Munich. ☐ ☐

_____

4 Répondez aux questions suivantes. Utilisez vos propres mots si possible.

a) Qu'est-ce qu'Anaïs trouve difficile quand on vit à l'étranger ?

_____

_____

_____

_____

b) Pourquoi est-ce qu'Anaïs ne va pas faire la fête le soir ?

_____

_____

_____

_____

c) Pourquoi est-ce qu'Anaïs va apporter sa poêle à crêpes en Allemagne ?

- _____
  _____
- _____
  _____

5 Expliquez ce qu'Anaïs veut dire par la phrase « il ne faut pas non plus passer ses journées sur skype » (l. 87 – 89).

_____
_____
_____
_____
_____
_____

Le programme Voltaire

1 Le programme Voltaire permet à de jeunes lycéens
   et lycéennes d'effectuer[1] un séjour de six mois
   en Allemagne
   • pour acquérir[2] une maîtrise[3] approfondie[4] de la
5   langue allemande et améliorer leur connaissance
     de la culture de notre premier partenaire écono-
     mique et politique. Une telle expérience consti-
     tue[5] aujourd'hui un véritable atout[6] sur le marché
     de l'emploi où la demande de personnel maîtrisant[7] l'allemand est de plus
10   en plus forte. Tous les secteurs sont concernés : entreprises, administrations
     nationales, collectivités territoriales, artisanat[8]...
   • pour s'ouvrir à l'Europe et au monde en général. En effet, ce type de séjour
     leur permet d'acquérir les compétences indispensables[9] pour communiquer,
     pour s'intégrer, pour vivre, pour évoluer dans l'espace européen, mais aussi
15   pour aborder[10] l'international.
   • pour apprendre à mieux se connaître et acquérir ainsi une plus grande
     maturité[11] et une meilleure autonomie.

En participant au programme Voltaire, les jeunes doivent être prêts à découvrir
un nouvel environnement, et faire preuve d'une certaine faculté d'adaptation à
20 une vie différente de la leur. En effet, une forte motivation est essentielle pour
assurer la pleine réussite de leur séjour.

Le programme Voltaire est coordonné par l'OFAJ, en collaboration avec le
Ministère de l'Éducation nationale et le Pädagogischer Austauschdienst der
Kultusministerkonferenz, et s'adresse à des élèves de seconde en France, et des
25 élèves de 9. *Klasse* ou de 10. *Klasse* en Allemagne, qui souhaitent partager la vie
d'une famille et suivre les cours d'un établissement scolaire du pays partenaire
pendant six mois.

Le programme Voltaire repose[12] sur le principe de la réciprocité[13] : l'élève
français et l'élève allemand sont ensemble pour la durée de l'échange, tout
30 d'abord en Allemagne, puis en France. Le séjour des élèves français en Allemagne a lieu[14] du début du mois de mars à la fin du mois d'août et ne peut
s'étendre au-delà de cette date. Les participants allemands séjournent en France
du début du mois de septembre à la fin du mois de février de l'année suivante.

Les élèves sont chacun accueillis par leur correspondant et sa famille, ils sont
35 suivis par un professeur tuteur dans chaque établissement, français et allemand, chargé[15] de veiller[16] au bon déroulement de leur scolarité et de leur sé-

jour. Les élèves sont également parrainés[17] par un ancien participant au programme Voltaire.

L'OFAJ verse[18] à chacun des participants un forfait[19] voyage et une bourse[20]
40 de 250 € pour leurs dépenses d'ordre culturel (livres, sorties, visites, etc.).

À la fin de leur séjour, les participants doivent rédiger un compte rendu[21] (trois pages et demie minimum) de leur expérience.

Les élèves français l'écrivent en allemand et les élèves allemands en français, avec un résumé dans la langue maternelle.

45 En voici quelques extraits :

> Au final je me suis rendue compte que l'expérience était vraiment réussie et que j'avais atteint mes « objectifs[22] » de départ : apprendre la langue, connaître la culture du pays, et créer des liens avec les gens, tout en m'amusant !

Marie-Anne de l'académie de Créteil,
50 échange avec un élève du Land de la Rhénanie-du-Nord-Westphalie

> Il y a parfois des hauts et des bas, par contre, il faut toujours essayer d'avoir un autre regard sur les choses. Parler et expliquer nos problèmes sont aussi importants, car la famille d'accueil ne peut pas toujours deviner[23]. Cela m'a permis d'élargir mon esprit, d'approfondir ma réflexion, de créer de véritables relations qui m'ont
55 aidée et que je garderai comme contact les années suivantes.

Agathe de l'académie de Lille,
échange avec un élève du Land de Rhénanie-du-Nord-Westphalie

> ... J'ai eu de petites disputes avec ma famille d'accueil, notamment[24] avec la sœur de ma correspondante... J'ai donc également appris la diplomatie car lorsqu'on[25]
60 n'est pas chez soi...

Thomas de l'académie de Lille, échange avec un élève du Land de Brême

http://www.ofaj.org/sites/default/files/voltaireF.pdf

Vocabulaire

1 effectuer qc : passer qc ; 2 acquérir qc : obtenir qc ; 3 la maîtrise : *Beherrschung*
4 approfondir : *vertiefen* ; 5 constituer qc : représenter qc ; 6 l'atout (m.) : l'avantage (m.)
7 maîtriser : *ici* : parler couramment ; 8 l'artisanat (m.) : *Handwerk*
9 indispensable : *unerlässlich* ; 10 aborder qc : entrer en contact avec qc ; 11 la maturité : *Reife*
12 reposer sur qc : *auf etw. beruhen* ; 13 la réciprocité : *Gegenseitigkeit* ; 14 avoir lieu : *stattfinden*

15 chargé, -e de qc : responsable de qc ; 16 veiller à qc : faire attention à qc
17 parrainé, -e : *wohlwollend unterstützt* ; 18 verser qc : *etw. überweisen*
19 le forfait : *Pauschalsumme* ; 20 la bourse : *Stipendium*
21 le compte rendu : *Erfahrungsbericht* ; 22 l'objectif (m.) : le but ; 23 deviner : *raten*
24 notamment : surtout ; 25 lorsque : quand

6 Cherchez un titre pour les paragraphes suivants.

l. 1–17 : _____

l. 18–33 : _____

l. 34–40 : _____

l. 41–61 : _____

7 Dans le texte suivant, il y a dix informations fausses. Trouvez-les et corrigez-les à droite.

Le programme Voltaire qui est organisé par les instituts français permet aux jeunes qui vont au collège de passer huit mois en Allemagne. Les élèves français qui vont en première et les élèves allemands qui vont en 9ème ou 10ème classe peuvent y participer. Le programme commence par le séjour des Français en Allemagne du mois de mai jusqu'au mois d'août. Puis, les Allemands viennent en France et restent jusqu'en mars de l'année suivante. Les jeunes habitent chez un correspondant et sa famille, ils sont accompagnés par un professeur. En plus, un élève plus vieux les aide pendant le séjour. Les élèves reçoivent de l'argent pour le voyage et aussi pour payer l'école. Après le séjour, les participants doivent écrire un compte rendu dans leur langue maternelle.

8 Trouvez les informations que donne le texte sur les buts et les conditions du programme Voltaire.

faire la fête	devenir autonome	connaître la culture
aider la famille d'accueil	**buts**	ouvrir l'esprit
apprendre la langue	apprendre à communiquer	travailler à l'étranger

être très motivé	avoir 16 ans	avoir des parents riches
	conditions	
être curieux	être prêt à s'intégrer	avoir de bonnes notes

9 Pourquoi est-ce que Marie-Anne et Agathe ont profité de leur séjour ? Donnez trois raisons pour chaque fille.

Marie-Anne
- _____
- _____
- _____

Agathe
- _____
- _____
- _____

10 Comparez les expériences de Thomas à celles que Marie-Anne et Agathe ont faites.

_____

_____

_____

_____

_____

📖 Le général de Gaulle

1 **Symbole de la Résistance durant la Seconde Guerre mondiale, le Général de Gaulle a été président de la République (1959–1969). Il est mort**
5 **le 9 novembre 1970 […].**

Des avenues, des places, des collèges, des lycées et même un aéroport parisien porte son nom. Le général de Gaulle est aujourd'hui un personnage historique
10 pour les enfants qui l'étudient en classe. Mais pour tous les Français, c'était un grand homme d'État.

Il est mort le 9 novembre 1970 […]. Avec sa mort, c'est une page de l'His-
15 toire de France qui s'est refermée.

Militaire, il a participé à la Première et à la Seconde Guerre mondiale. En 1940, il a refusé l'armistice[1] […] et le gouvernement de Vichy. Il s'est exilé[2] à Londres (Grande-Bretagne) d'où il a lancé son célèbre « appel[3] du 18 juin » à la radio,
20 pour convaincre les Français de continuer le combat[4]. La suite, on la connaît : il a organisé les Forces françaises libres. Il a favorisé[5] la création du Conseil national de la Résistance, présidé par Jean Moulin (1943).

À la Libération de Paris en 1944, il a été reconnu[6] chef politique et il est devenu président du gouvernement provisoire de la République française. Il a
25 ensuite créé son parti : le Rassemblement du peuple français (RPF). Quand la Guerre d'Algérie a éclaté[7] (1958), il a proposé une nouvelle Constitution et il est devenu le 1er président de la Ve République.

Il a créé le nouveau franc, accordé[8] l'indépendance aux pays d'Afrique (1960), puis à l'Algérie (1962), s'est rapproché des pays de l'Est et de l'Allemagne et [a]
30 équipé[9] la France de la bombe atomique.

Réélu président en 1965, il a été mis en cause[10] pendant les manifestations de 1968. Incompris par les Français qui ne le jugeaient alors plus « irremplaçable[11] », de Gaulle a démissionné[12] en 1969. Il est mort un an et demi plus tard, à 79 ans, dans sa maison de la Boisserie à Colombey-les-Deux-Églises
35 (Haute-Marne). […]

Les Français continuent d'admirer le Général. En avril 2005, lors[13] d'une émission de France 2, les téléspectateurs devaient « choisir le plus grand Français de tous les temps ». Charles de Gaulle était arrivé premier, devant le biolo-
40 giste Louis Pasteur.

Article paru dans LE JOURNAL DES ENFANTS du 9 novembre 2010.

Vocabulaire

1 l'armistice (m.) : *Waffenstillstand* ; 2 s'exiler : *ins Exil gehen*
3 lancer un appel : *einen Aufruf ergehen lassen* ; 4 le combat : *Kampf*
5 favoriser qc : être pour qc ; 6 reconnaître qn : *jdn. anerkennen als*
7 éclater : commencer ; 8 accorder qc à qn : donner qc à qc
9 équiper qn de qc : *jdn. mit etw. ausstatten* ; 10 mettre en cause : *in Frage stellen*
11 irremplaçable : *unersetzlich* ; 12 démissionner : *zurücktreten* ; 13 lors de : *bei*

11 Qu'est-ce qui se passe aux dates suivantes ? Remplissez le tableau.

12 Cochez (✗) la ou les bonne(s) réponse(s).

a) Le Général de Gaulle...

☐ a été président français pendant la guerre.

☐ est né en 1959.

☐ est un symbole de la Résistance.

b) À Londres, il a...

☐ travaillé pour une station de radio.

☐ aidé les Anglais.

☐ dit qu'il fallait continuer à se battre.

c) Après la Seconde Guerre mondiale, il...

☐ a créé la Ve République.

☐ était contre l'indépendance des colonies africaines.

☐ a été élu président de la République plus d'une fois.

13 Les informations suivantes sur Charles de Gaulle sont correctes. Mais lesquelles **ne** se trouvent **pas** dans le texte ? Cochez (✗).

☐ Une place parisienne porte son nom.

☐ Sa famille est noble.

☐ Il a participé aux deux Guerres mondiales.

☐ Il a été prisonnier en Allemagne.

☐ Il a été le premier président après la libération de Paris.

☐ Il a créé un parti politique.

☐ Les manifestations de 1968 ont eu pour conséquence qu'il démissionne.

☐ Il est mort dans sa maison à cause d'une maladie grave.

☐ Il reste dans le cœur des Français.

☐ Il a joué un rôle important pour l'amitié franco-allemande.

14 «Avec sa mort, c'est une page de l'Histoire de France qui s'est refermée.» (l. 14/15). Expliquez ce que l'auteur veut dire par cette phrase.

_____

_____

_____

Le Parlement européen

Bruxelles, Luxembourg et Strasbourg sont les lieux de travail du Parlement européen, mais chacun peut, de chez lui, suivre ses travaux sans se déplacer[1] ! Confortablement assis devant votre ordinateur, il vous est possible d'assister[2] à une session plénière[3], de consulter[4] les documents et les communiqués de presse ou de poser des questions en ligne sur des sujets européens. Et toutes les capitales de l'Union disposent[5] de bureaux d'information à votre service.

■ Le site Internet : une fenêtre ouverte sur le Parlement

Son adresse est facile à retenir – www.europarl.europa.eu –, et chacun peut y trouver, dans sa propre langue, une quantité d'informations intéressantes le concernant. En effet, le site Internet du Parlement européen possède un menu très riche ; que l'on désire s'informer sur les derniers travaux parlementaires, suivre en direct les débats et les votes en commission et en plénière, mieux connaître les députés européens et leur rôle, soumettre[6] une pétition ou tout simplement se renseigner[7] sur le fonctionnement de l'institution, le site fournit[8] les réponses.

Pour que son activité soit connue et comprise du public, le Parlement donne aussi accès aux citoyens[9] à ses différents documents à travers[10] le registre en ligne. Des archives historiques sont également disponibles.

■ Europarltv : la web-télévision du Parlement européen

Suivre l'actualité européenne, voir les députés en action, découvrir les coulisses du Parlement européen et regarder en direct ses travaux : c'est possible sur www.europarltv.eu.

La web-télévision du Parlement propose un bouquet[11] de quatre canaux s'adressant à différents publics : des jeunes en âge scolaire aux professionnels, en passant par les citoyens qui s'intéressent à la politique européenne.

■ Visiter le Parlement

Vous avez trouvé beaucoup d'informations sur le site Internet, mais vous aimeriez voir concrètement comment travaille le Parlement européen et ce qu'il fait pour vous ? Comme près de 300 000 personnes chaque année, vous avez la possibilité de visiter – en groupe ou individuellement – les lieux de travail à Strasbourg, à Bruxelles ou à Luxembourg pour assister aux sessions plénières et rencontrer vos députés. Il vous suffit de contacter l'unité « Visites et séminaires » qui organise des visites guidées dans toutes les langues offi-

35 cielles de l'Union européenne, pour fournir un aperçu[12] du fonctionnement et du rôle du Parlement et donner une réponse à vos questions.

À l'occasion du 9 mai, Journée de l'Europe, les hémicycles[13] du Parlement européen à Strasbourg et à Bruxelles sont accessibles au grand public dans le cadre des journées « portes ouvertes ». Chaque année, environ 60 000 per-
40 sonnes profitent de cette occasion pour visiter les lieux et s'informer sur les activités du Parlement.

Prochainement, à Bruxelles, un nouveau centre des visiteurs présentera une exposition interactive sur le fonctionnement du Parlement européen et sur l'impact[14] de ses décisions sur la vie quotidienne des citoyens. Par un jeu de rôle
45 multimédia, les visiteurs pourront même être des « parlementaires d'un jour ».

■ Les bureaux d'information au service des citoyens

Il existe des bureaux d'information du Parlement européen dans toutes les capitales de l'Union européenne, ainsi que des antennes régionales dans certains États membres. Ils servent à faciliter les contacts directs entre les citoyens et
50 l'institution qui les représente.

Les bureaux d'information réalisent des campagnes d'information sur diverses questions européennes. Ils organisent des séminaires et des conférences, notamment[15] pour les étudiants, les multiplicateurs d'opinions et les médias...
55 Les bureaux d'information organisent aussi des forums décentralisés où députés européens, autorités locales, citoyens et représentants des différentes catégories socioprofessionnelles débattent des politiques les plus importantes pour les régions concernées. Ils organisent également des rencontres entre les parlementaires européens et des représentants nationaux ou locaux, la presse et
60 le public.

■ Contactez vos députés

Le Parlement, c'est avant tout les députés. Ce sont eux qui, forts du mandat confié[16] par les citoyens lors des élections européennes, votent les lois et prennent les initiatives politiques qui se répercutent[17] dans notre vie de tous
65 les jours ou inspirent l'approche européenne sur les grandes questions internationales.

Les noms, adresses, numéros de téléphone et courriers électroniques des députés européens figurent[18] sur des fiches personnelles disponibles[19] sur le site Internet, dans le menu « Vos députés ». On y trouve aussi leur curriculum vitae,
70 leur circonscription électorale[20] et leur affiliation[21] politique, ainsi que leur fonction et les travaux qu'ils ont réalisés au sein[22] du Parlement.

Vocabulaire

1 se déplacer : changer de lieu ; 2 assister à qc : participer à qc

3 la session plénière : *Plenarsitzung* ; 4 consulter qc : voir/chercher dans qc

5 disposer de qc : *über etw. verfügen* ; 6 soumettre qc : *ici* : présenter/proposer qc

7 se renseigner sur qc : s'informer de/sur qc ; 8 fournir qc : donner qc ; 9 le citoyen : *Bürger*

10 à travers : par ; 11 le bouquet : l'ensemble (m.) ; 12 l'aperçu (m.) : *Einblick*

13 l'hémicycle (m.) : *Halbrund (gemeint ist die Anordnung der Sitze im Plenarsaal)*

14 l'impact (m.) : la conséquence ; 15 notamment : surtout

16 confier qc à qn : *jdm. etw. anvertrauen*

17 se répercuter dans qc : avoir des conséquences sur qc ; 18 figurer sur qc : se trouver sur qc

19 disponible : *verfügbar* ; 20 la circonscription électorale : *Wahlkreis*

21 l'affiliation (f.) : *Zugehörigkeit* ; 22 au sein de : *in(nerhalb)*

15 Cochez (✗) le titre qui résume le mieux le texte :

☐ Le travail des députés européens

☐ Trouver des informations sur le Parlement européen

☐ L'Union européenne sur Internet

16 Vrai, faux ou pas dans le texte ?

Cochez (✗) et corrigez les phrases fausses.

	vrai	faux	pas dans le texte
a) Le site Internet du Parlement européen (PE) n'existe qu'en français, en anglais et en allemand.	☐	☐	☐

_____

_____

_____

b) Sur le site du PE, on peut s'informer sur les lois de l'Union européenne.	☐	☐	☐

_____

_____

_____

c) Sur le site du PE, on trouve des documents actuels et anciens. ☐ ☐ ☐

_____

_____

_____

d) La web-télévision du PE propose un canal pour les citoyens européens. ☐ ☐ ☐

_____

_____

_____

e) On peut visiter le PE seul ou en groupe. ☐ ☐ ☐

_____

_____

_____

f) Il y a des journées « portes ouvertes » au PE chaque année en juin. ☐ ☐ ☐

_____

_____

_____

g) Il y a un centre de visiteurs à Strasbourg. ☐ ☐ ☐

_____

_____

_____

h) Dans chaque capitale européenne, il y a un bureau d'information. ☐ ☐ ☐

_____

_____

_____

17 Trouvez les informations qui sont dans le texte.

a) Les bureaux d'information du Parlement européen organisent des…

campagnes	pétitions	visites guidées
conférences	excursions	forums

b) Les informations suivantes sur les députés se trouvent sur le site du Parlement européen :

CV	nationalité	e-mail
nom	numéro de téléphone	fonction
parti politique	site Internet personnel	nombre d'enfants

18 Nommez trois possibilités pour entrer en contact avec votre député européen.

- _____
- _____
- _____

Le siège du Parlement européen à Strasbourg

Sida : l'espoir pour les enfants

1 Le 1er décembre, c'est la Journée mondiale de lutte[1] contre le sida. À cette occasion, Carla Bruni-Sarkozy [...] nous a accordé une interview. Elle nous parle de sa
5 fonction d'ambassadrice[2] du Fonds mondial de lutte contre le sida.

**En quoi consiste votre rôle d'ambassa-
drice ?**

Je voyage, je vais dans les pays qui sont
10 touchés[3] par la maladie et je visite les villages dans lesquels sont mis en œuvre[4] les
programmes financés par le Fonds mondial.
Je peux les aider en leur donnant une voix.
Car grâce à ma fonction qui attire l'atten-
15 tion des médias, j'ai plus de chance qu'eux
de pouvoir me faire entendre.

Que retenez[5]-vous de vos rencontres avec les enfants malades ?

Deux choses : d'abord, leurs regards et ensuite leurs espoirs. Je suis très touchée
et émue[6] de voir des enfants atteints par cette maladie. Je suis allée l'année der-
20 nière au Burkina Faso, c'est un pays en Afrique qui est très touché par le sida.
J'ai rencontré beaucoup d'enfants malades. C'est triste car il est aujourd'hui
tout à fait possible d'éviter qu'une maman séropositive[7] ne transmette à son
bébé le VIH[8] à la naissance. Mais même si les enfants n'ont pas eu accès à ces
médicaments et qu'ils sont malades, ils peuvent garder espoir.

25 **Quels sont vos prochains engagements ?**

Le 1er décembre, j'accueille, en tant[9] qu'ambassadrice, des personnalités qui
font des travaux fantastiques dans la lutte contre le sida. Ils vont parler des
progrès réalisés pour avoir des médicaments plus efficaces pour les mères et les
enfants, mais aussi de la prévention. Ensuite, toujours en décembre, je pars en
30 voyage officiel avec mon mari en Inde.

Quel a été le moment le plus marquant de votre engagement ?

Plus que les moments, ce sont les personnes rencontrées qui m'ont particuliè-
rement touchée. Lorsqu'on travaille sur un terrain tel que celui de la lutte
contre le sida, on rencontre des gens extraordinaires qui se battent au quoti-
35 dien, avec beaucoup de courage et de générosité, pour améliorer la vie des
autres. Alors ce sont plein de petits instants[10] qui marquent et que l'on n'oublie

jamais, comme les regards et les sourires échangés avec un médecin qui a enfin reçu les moyens nécessaires à soigner[11] ses patients, avec un enfant dont la vie a été changée grâce aux médicaments, avec une maman qui a pu sauver son
40 enfant grâce au traitement[12].

Avez-vous parlé de votre rôle d'ambassadrice avec votre fils Aurélien ?

Il sait que j'essaye d'aider des enfants malades et leurs mamans et que c'est pour cela que je suis allée en Afrique. Il trouve que c'est très bien. Je crois qu'il est fier de moi.

45 **Que peuvent faire nos lecteurs pour aider leurs camarades malades ?**

Surtout ils doivent accepter, sans la moindre hésitation, ou peur, leurs camarades touchés par la maladie, et ne pas craindre d'être contaminés[13] par un quelconque contact avec eux. Je le répète encore, ces enfants sont comme les autres, et ne doivent pas être jugés[14]. Pour les camarades qui sont touchés par la
50 maladie, il est extrêmement important qu'ils se sentent acceptés, qu'ils aient la confiance[15] de leurs amis et qu'ils continuent à être des camarades de jeux, bref de vrais copains.

Article paru dans LE JOURNAL DES ENFANTS du 1er décembre 2010.

Vocabulaire

1 la lutte : *Kampf* ; 2 l'ambassadeur (m.), l'ambassadrice (f.) : *Botschafter(in)*
3 être touché, -e par qc : *von etw. betroffen sein* ; 4 mettre qc en œuvre : *installer qc*
5 retenir qc : *ici* : se souvenir de qc ; 6 ému, -e : *bewegt, berührt* ; 7 séropositif, -ve : *HIV-positiv*
8 le VIH : *HIV* ; 9 en tant que : comme ; 10 l'instant (m.) : le moment ; 11 soigner qn : *jdn. pflegen*
12 le traitement : *Behandlung* ; 13 contaminé, -e : *angesteckt, infiziert*
14 juger qn : *über jdn. urteilen* ; 15 la confiance : *Vertrauen*

19 Résumez l'interview en une phrase :

Dans l'interview, Carla Bruni-Sarkozy parle de _____

_____

20 Trouvez la/les phrase(s) dans le texte qui donne(nt) les informations suivantes. Indiquez aussi la/les ligne(s) de référence.

a)   Carla Bruni-Sarkozy a beaucoup de contact avec les médias.

_____

_____

b) Carla Bruni-Sarkozy a rendu visite aux enfants séropositifs.

_____

_____

c) Aujourd'hui, on peut protéger un bébé contre le sida quand il est né.

_____

_____

d) Carla Bruni-Sarkozy rencontre des gens qui font quelque chose contre le sida.

_____

_____

e) Le fils de Carla Bruni-Sarkozy aime le rôle de sa mère.

_____

_____

21 Complétez les phrases avec les mots qui manquent.

Carla Bruni-Sarkozy v_____ dans des p_____ touchés par le sida et y a_____ les gens. En plus, elle reçoit des gens qui parlent des m_____ pour les m_____ et les e_____. Ce qu'elle aime spécialement dans son travail, c'est le r_____ et les e_____ des enfants malades et les sourires qu'elle échange avec les m_____ et les personnes s_____. Elle trouve qu'il est surtout important de ne pas avoir p_____ et d'a_____ les enfants malades comme ils sont.

22 Étudiez l'effet que son travail a sur Carla Bruni-Sarkozy.

_____

_____

_____

_____

Jacques Cartier

DOCUMENT

JACQUES CARTIER

Entre 1534 et 1542, le navigateur[1] Jacques Cartier a dirigé[2] trois expéditions en mer. Destination: une terre encore inconnue, le Canada.

© AKG

De la Bretagne...

Jacques Cartier est né dans le port de Saint-Malo, en 1491. Tout jeune, il part pêcher[3] la morue[4] à Terre-Neuve, dans l'Atlantique Nord. De là lui sont venus son amour de la mer et sa grande expérience de la navigation. Il voyage jusqu'au Brésil, où il apprend le portugais. C'est grâce à son mariage en 1520 avec Catherine des Granches, la fille du connétable (chef de la police) de Saint-Malo, qu'il rencontre le roi François 1er.

© Rue des archives

Jacques Cartier (peinture de 1895). En réalité, on ignore tout du vrai visage du navigateur car il n'a jamais été représenté de son vivant. Tous ses portraits sont purement imaginaires !

L'Hermine
Cette nef, construite en 1517, accompagne Jacques Cartier lors de son deuxième voyage au Canada. En 1537, le roi François 1er l'offre au capitaine.

DÉBARQUEMENT DE JACQUES CARTIER ET DES COLONS FRANÇAIS AU CANADA (1542)

Arrivée de Jacques Cartier au Canada lors de son troisième voyage (1542). En arrière-plan est dessinée la carte de la Nouvelle-France.

...Au Canada

En 1534, le roi François Ier confie[5] à ce marin[6] très expérimenté une double mission : trouver un passage vers la Chine et rapporter de l'or. Le 20 avril 1534, le capitaine quitte Saint-Malo avec 2 bateaux et 60 hommes. Il dépasse[7] Terre-Neuve à la mi-mai. Tout l'été, il explore les îles de l'embouchure[8] du Saint-Laurent sans trouver l'entrée du fleuve. Il établit les premiers contacts avec les Indiens de la région et revient en France avec deux d'entre eux pour les présenter au roi. L'année suivante, Cartier repart avec 3 navires[9] et 110 marins. Cette fois, il remonte le fleuve Saint-Laurent et rentre avec de nouveaux Indiens, mais sans or ni pierres précieuses[10]! Le roi est déçu![11]

La Nouvelle-France

Cartier doit attendre l'année 1542 pour repartir, mais sous les ordres d'un autre capitaine, Jean-François de Roberval. Il s'agit moins d'explorer[12] que de tenter[13] de coloniser cette nouvelle terre appelée Nouvelle-France pendant toute la domination française. L'expédition est un échec.[14] Cartier ne reverra jamais le Canada... Il meurt d'une épidémie de peste ou de grippe en 1557.

À VISITER...

Jacques Cartier a son musée! À Saint-Malo, le manoir de Limoëlou, où le capitaine a vécu, présente sa vie, ses voyages et le Canada.

Musée Jacques-Cartier, rue David-Macdonald-Stewart, 35400 Saint-Malo. http://www.musee-jacques-cartier.com Tél. : 02 99 40 97 73. Ateliers pédagogiques pour les classes.

« Jacques Cartier » In: Je lis des Histoires Vraies n°164 (Juillet et Août 2007), p. 6/7

Vocabulaire

1 le navigateur : *Seefahrer* ; 2 diriger qc : *etw. leiten* ; 3 pêcher qc : *etw. fischen*

4 la morue : *Stockfisch* ; 5 confier qc à qn : *jdm. etw. anvertrauen*

6 le marin : *Seemann, Matrose* ; 7 dépasser qc : *an etw. vorbeifahren*

8 l'embouchure (f.) : *Mündung* ; 9 le navire : le bateau ; 10 la pierre précieuse : *Edelstein*

11 déçu, -e : *enttäuscht* ; 12 explorer qc : *etw. erforschen*

13 tenter de faire qc : essayer de faire qc ; 14 l'échec (m.) ≠ le succès

23 Complétez le portrait de Jacques Cartier.

Jacques Cartier

Année de naissance : _____

Année de sa mort : _____

Lieu de naissance : _____

Hobbies : • _____

• _____

Langues : • _____

• _____

Date de mariage : _____

Nom de sa femme : _____

24 Analysez la relation entre Jacques Cartier et le roi François Ier.

_____

_____

_____

_____

25 Remplissez le tableau avec les informations qui manquent. Si l'information ne se trouve pas dans le texte, mettez « ∅ ».

	Première expédition	Deuxième expédition	Troisième expédition
En quelle année est-ce que l' expédition a eu lieu?			
Qui a donné l' ordre de l' expédition?			
Quels étaient les buts de l' expédition?			
Avec combien de bateaux/d' hommes est-ce que Jacques Cartier est parti?			
Quel était le résultat de l' expédition?			

Ducobu

SUR LE TOURNAGE DE "DUCOBU"

En plein mois de juillet, des cris et des rires résonnent[1] dans les couloirs[2] du collège Jean-Jaurès de Saint-Ouen. Une équipe de cinéma a investi[3] les lieux pour tourner l'adaptation sur grand écran[4] de "L'Élève Ducobu", l'hilarante[5] bande dessinée de Godi et Zidrou. Rencontre entre deux prises avec les principaux comédiens[6]

Qui es-tu Vincent ?

Ducobu est mon quatrième long-métrage.[7] Jusqu'ici, mon rôle le plus célèbre était celui d'Alceste, dans *Le Petit Nicolas*. Pour l'instant, j'ai choisi ce métier – qui est aussi celui de ma mère – parce que j'adore me glisser dans la peau d'un personnage, en l'occurrence[8] un cancre[9] manipulateur et très rusé.[10] Il ne me ressemble pas vraiment puisque, contrairement à Ducobu, je suis très bon à l'école. Mais je ne compte pas être acteur toute ma vie, c'est une profession trop précaire.[11] Tu travailles pendant deux mois, puis tu te retrouves sur la paille.[12] Mon rêve, c'est de travailler dans la mode et de devenir tailleur.[13]

Vincent Claude est Ducobu

Juliette Chapey est Léonie Gratin

Dans la vraie vie, es-tu plutôt Léonie ou Ducobu ?

Ni l'une ni l'autre ! Je suis une fille normale ! Léonie est agaçante[14] pimbêche[15] et jalouse. Je n'aimerais pas l'avoir comme amie. Moi, je suis plutôt bonne élève, mais mes notes ne sont pas non plus géniales. En tout cas, j'aime aller en cours, ne serait-ce que pour y voir ma meilleure amie. Nous sommes inséparables. D'ailleurs, comme le film est tourné dans une école, j'ai presque l'impression d'être dans la vraie vie…

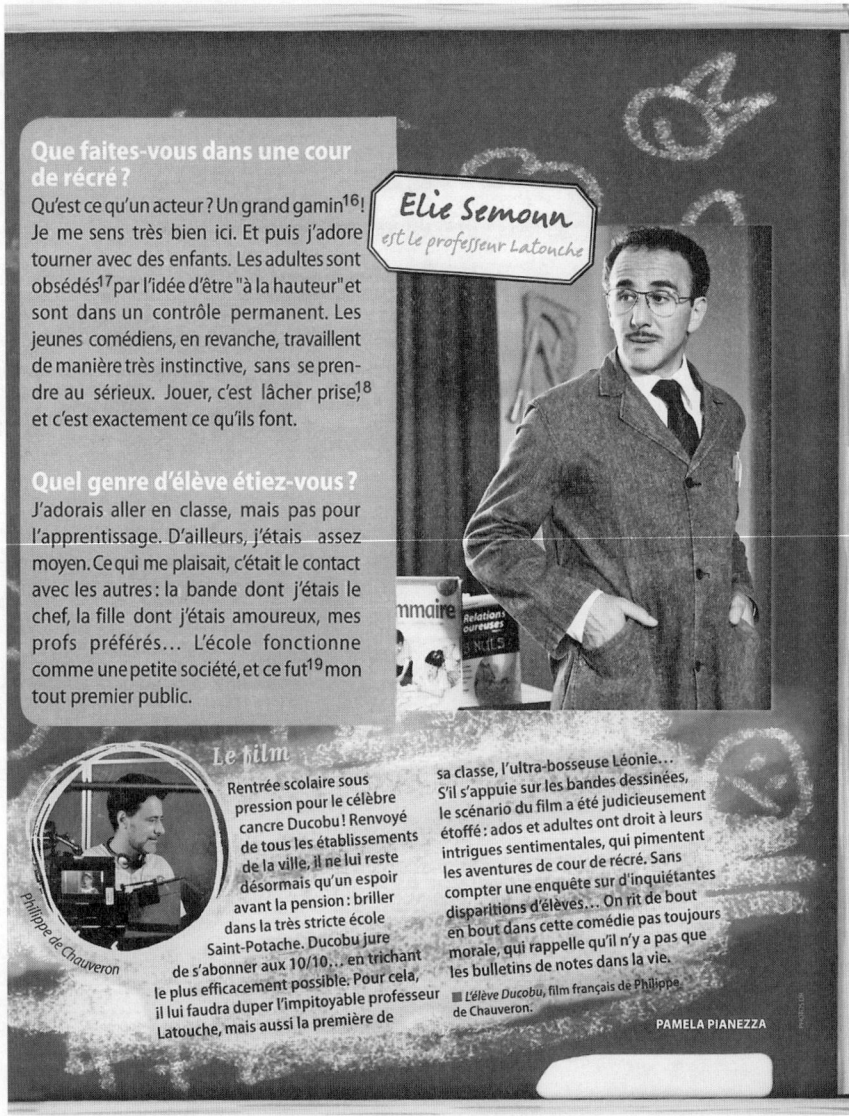

Que faites-vous dans une cour de récré?

Qu'est ce qu'un acteur? Un grand gamin[16]! Je me sens très bien ici. Et puis j'adore tourner avec des enfants. Les adultes sont obsédés[17] par l'idée d'être "à la hauteur" et sont dans un contrôle permanent. Les jeunes comédiens, en revanche, travaillent de manière très instinctive, sans se prendre au sérieux. Jouer, c'est lâcher prise[18], et c'est exactement ce qu'ils font.

Quel genre d'élève étiez-vous?

J'adorais aller en classe, mais pas pour l'apprentissage. D'ailleurs, j'étais assez moyen. Ce qui me plaisait, c'était le contact avec les autres: la bande dont j'étais le chef, la fille dont j'étais amoureux, mes profs préférés... L'école fonctionne comme une petite société, et ce fut[19] mon tout premier public.

Elie Semoun est le professeur Latouche

Le film

Philippe de Chauveron

Rentrée scolaire sous pression pour le célèbre cancre Ducobu! Renvoyé de tous les établissements de la ville, il ne lui reste désormais qu'un espoir avant la pension: briller dans la très stricte école Saint-Potache. Ducobu jure de s'abonner aux 10/10... en trichant le plus efficacement possible. Pour cela, il lui faudra duper l'impitoyable professeur Latouche, mais aussi la première de sa classe, l'ultra-bosseuse Léonie... S'il s'appuie sur les bandes dessinées, le scénario du film a été judicieusement étoffé: ados et adultes ont droit à leurs intrigues sentimentales, qui pimentent les aventures de cour de récré. Sans compter une enquête sur d'inquiétantes disparitions d'élèves... On rit de bout en bout dans cette comédie pas toujours morale, qui rappelle qu'il n'y a pas que les bulletins de notes dans la vie.

■ *L'élève Ducobu*, film français de Philippe de Chauveron.

PAMELA PIANEZZA

Pamela Pianezza: Sur le tournage de « Ducobu ». In: Le Monde des ados n° 256 (29 juin 2011)
© Fleurus presse

Vocabulaire

1 résonner : (wieder-)hallen ; 2 le couloir : Flur, Gang ; 3 investir qc : etw. belagern
4 l'adaptation (f.) sur grand écran : Kinoverfilmung ; 5 hilarant, -e : drôle, amusant, -e
6 le comédien, la comédienne : l'acteur (m.), l'actrice (f.) ; 7 le long-métrage : le film
8 en l'occurrence : in diesem Fall ; 9 le cancre : l'élève nul ou paresseux
10 rusé, -e : intelligent, -e, malin, maligne ; 11 précaire : incertain, -e, pas sûr, -e
12 sur la paille : in Armut ; 13 le tailleur : Schneider ; 14 agaçant, -e : énervant, -e
15 la pimbêche : eingebildete Person ; 16 le/la gamin, -e (fam.) : l'enfant (m./f.)
17 obsédé, -e : besessen ; 18 lâcher prise : loslassen ; 19 ce fut : c'était

26 Cochez (✗) la bonne réponse.

a) Le film est basé sur…

☐ un roman.

☐ une histoire vraie.

☐ une BD.

b) Le film a été tourné dans…

☐ une école primaire.

☐ un collège.

☐ un lycée.

c) Le tournage s'est passé en…

☐ été.

☐ automne.

☐ hiver.

27 Complétez le tableau : dans la vraie vie, quel type d'élève est/était…

Vincent Claude ?	
Juliette Chapey ?	
Élie Semoun ?	

28 Cochez (✗) qui dit quoi. Attention : plusieurs réponses sont possibles.

Qui dit qu'il/qu'elle...

	Vincent Claude	Juliette Chapey	Élie Semoun
a) a une mère qui est actrice ?	☐	☐	☐
b) a/avait une très bonne copine à l'école ?	☐	☐	☐
c) a tourné trois films avant Ducobu ?	☐	☐	☐
d) aime/aimait aller à l'école ?	☐	☐	☐
e) aime le contact avec les autres ?	☐	☐	☐

29 Répondez aux questions suivantes. Utilisez vos propres mots si possible.

a) Pourquoi est-ce que Vincent ne voudrait pas rester acteur toute sa vie ?

_____

_____

b) Qu'est-ce que Vincent voudrait faire plus tard ?

_____

_____

c) Comment est-ce que Juliette s'est sentie pendant le tournage du film ?

_____

_____

30 Comparez le travail des acteurs adultes et des jeunes acteurs d'après ce que le texte dit.

_____

_____

_____

_____

Faire un stage au Parlement européen

Les stagiaires du Bureau d'Information à la session à Strasbourg

1 Ils sont trois stagiaires du Bureau d'information du Parlement européen de Paris venus suivre la session plénière[1] à Strasbourg. Quelles ont été leurs impressions de l'Union européenne, du Parlement européen plus précisément ?

Venus tous les trois de cursus[2] très différents (communication politique et
5 publique, sciences politiques, droit et économie), ils ont pour projet commun de vivre une expérience professionnelle au sein[3] d'une des principales institutions européennes. Chéhérazade, Clément et Victor ont ainsi été plongés[4] au cœur de la vie politique européenne, au Parlement européen. Aucun d'eux n'avait jamais assisté[5] à une session : leur impression est positive. Sous un
10 soleil de plomb[6] en ce début juillet, ils assistent à la dernière session plénière du premier semestre de l'année [...].

Ce qui frappe, c'est le monde et le sentiment d'une activité permanente. En très peu de temps (la session ne dure en fait que trois jours), de nombreux problèmes doivent être abordés[7], des rencontres doivent avoir lieu[8] avant que
15 chacun ne retourne dans son pays ou à Bruxelles. Au premier abord, il y a donc un sentiment de « rush » saisissant.

De par leur qualité de stagiaire[9], l'hémicycle[10] leur est ouvert et ils assistent aux séances[11] plénières à la tribune. Le lieu[12] tout d'abord vaut à lui seul le détour[13]. Gigantesque, il doit accueillir les près de 750 députés européens, les
20 représentants de la Commission et du Conseil, les interprètes des 23 langues qui traduisent en simultané les débats, et le public, sans compter les tribunes officielles. On est donc véritablement au cœur de l'Union européenne, au sein de la première institution démocratique du monde par la taille, là où sont représentés près de 500 millions de citoyens européens.

L'hémicycle du Parlement européen à Strasbourg

25   Les principaux dossiers de cette session portent[14] principalement sur le bilan de la Présidence tournante[15] du premier semestre assurée par l'Espagne et le lancement[16] de la nouvelle Présidence belge. Par ailleurs, autre mesure importante pour la construction européenne, c'est l'adoption[17] du Service Européen d'Action Extérieure (SEAE[18]) qui doit permettre à l'UE de mettre en place une
30 véritable diplomatie commune et une véritable politique étrangère conduite au nom de l'Union européenne.

    Ils croisent[19] nombre de personnalités politiques dans les couloirs[20] du Parlement. Cette mission aura été pour eux indispensable[21] pour parfaire[22] leur expérience européenne et rendre leur stage plus concret. Ils auront pu assister à
35 la construction de l'Union européenne qui continue encore et toujours, « petits pas par petits pas », comme l'ont voulu les Pères fondateurs[23].

    Tous trois s'endorment dans le train du retour en rêvant déjà de revenir au plus vite participer à la vie de la plus belle des familles : l'Union européenne !

    Vous aussi vous pouvez devenir stagiaire. Pour ce faire, connectez-vous au
40 site du Parlement européen et entrez votre demande en ligne.

    N'hésitez pas, venez nous rejoindre...

Parlement européen. Bureau d'Information en France: Les stagiaires du Bureau d'Information à la session à Strasbourg (15 décembre 2010),
http://www.europarl.fr/view/fr/citoyens-jeunes/coin_jeunes/Stagiaires.html

Vocabulaire

1 la session plénière : *Plenarsitzung* ; 2 le cursus : *ici* : les études (f./pl.) ; 3 au sein de : *innerhalb*
4 plonger : *(ein-)tauchen* ; 5 assister à qc : participer à qc ; 6 le soleil de plomb : *glühende Sonne*
7 aborder qc : *etw. ansprechen* ; 8 avoir lieu : *stattfinden*
9 de par leur qualité de stagiaire : comme ils sont stagiaires
10 l'hémicycle (m.) : *Halbrund (gemeint ist die Anordnung der Sitze im Plenarsaal)*
11 la séance : *Sitzung* ; 12 le lieu : *Ort* ; 13 valoir le détour : *den Umweg wert sein*
14 porter sur qc : *sich auf etw. beziehen*
15 la Présidence (tournante) : *(rotierende) Ratspräsidentschaft*
16 le lancement : *ici* : le début ; 17 l'adoption (f.) : l'installation (f.)
18 le SEAE : *EAD, Europäischer Auswärtiger Dienst* ; 19 croiser qn : *jdm. über den Weg laufen*
20 le couloir : *Flur, Gang* ; 21 indispensable : *unerlässlich*
22 parfaire qc : perfectionner qc ; 23 le fondateur : *Gründer*

31 Cochez (✗) la bonne réponse.

a) Les trois stagiaires viennent de...

☐ Strasbourg.

☐ Paris.

☐ Bruxelles.

b) Qui a déjà participé à une session ?

☐ Chéhérazade

☐ Clément et Victor

☐ personne

c) Quand ils rentrent, ils sont...

☐ tristes.

☐ fatigués.

☐ énervés.

d) Pour devenir stagiaire au Parlement européen, il faut...

☐ faire une demande sur le site Internet du Parlement européen.

☐ écrire un e-mail au Parlement européen.

☐ appeler le Parlement européen.

32 Vrai ou faux ? Cochez (✗) et corrigez les phrases fausses.

	vrai	faux
a) Les trois jeunes ont fait les études de sciences politiques.	☐	☐

_____

_____

| b) Les trois jeunes ont une bonne impression de la session. | ☐ | ☐ |

_____

_____

| c) L'ambiance à la session est calme. | ☐ | ☐ |

_____

_____

d) Les trois jeunes ont envie de retourner au Parlement européen. ☐ ☐

_____

_____

33 Complétez le schéma avec les informations que donne le texte sur la session actuelle.

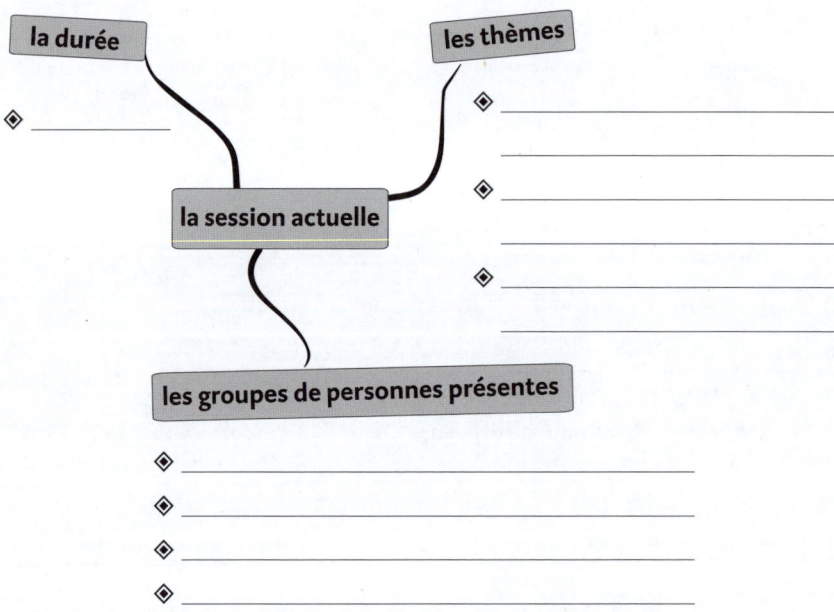

Le Petit Nicolas

1 « Goscinny arriva avec un texte dans lequel un enfant, Nicolas, racontait sa vie avec ses copains, qui avaient tous des noms bizarres : Rufus, Alceste, Maixent, Agnan, Clotaire… Le surveillant général était surnommé le Bouillon. C'était parti : René avait trouvé la formule », raconte Jean-Jacques Sempé.

5 Nous sommes le 29 mars 1959 et ce jour-là paraît dans *Sud-Ouest Dimanche* la toute première histoire du Petit Nicolas. L'enfance est mise en mots par Goscinny et en images par Sempé.

L'un invente un « langage de gosse[1] », l'autre dessine avec la tendresse[2] qu'on lui connaît des enfants minuscules[3] qui s'agitent. Un héros est né.

10 À l'origine, un seul épisode des aventures du Petit Nicolas était prévu, mais le courrier des lecteurs[4] est unanime[5] et le journal leur demande de continuer. Commence alors l'incroyable saga. Quelques mois plus tard, en octobre 1959, le Petit Nicolas fait une entrée remarquée dans un nouveau journal qui deviendra mythique : *Pilote*, dont Goscinny deviendra le chef d'orchestre.

15 L'année suivante le Petit Nicolas prend du galon[6] : c'est désormais[7] en tournant les pages d'un livre qu'on peut le retrouver.

C'est l'émission de télévision *Lecture pour Tous* qui lance[8] le Petit Nicolas, grâce à la présence sur le plateau de ses deux créateurs. Le duo fait merveille[9]. Pendant six ans, le Petit Nicolas paraît toutes les semaines dans la presse : plus 20 de 200 histoires sont ainsi publiées.

En 2004, le Petit Nicolas entame[10] une nouvelle carrière. Anne Goscinny exhume[11] des archives de son père une centaine d'histoires inédites[12] et, en accord avec Sempé, décide de les publier. Deux volumes[13] sont édités. Le succès est fulgurant[14] et si Nicolas n'est pas toujours premier en calcul[15], le voilà numéro un des ventes[16].

En 2009, paraît *Le Ballon et autres histoires inédites*. Indémodable[17], le Petit Nicolas fait partie des classiques de notre littérature. Prescrit[18] par les instituteurs et professeurs de collège, nombre d'enfants lui doivent l'essentiel[19] : l'amour de la lecture. Cinquante ans après sa création le Petit Nicolas fait rire des mil-30 lions de lecteurs.

http://www.petitnicolas.com/#part=historique

Vocabulaire

1 le/la gosse (fam.) : l'enfant (m./f.) ; 2 la tendresse : *Zärtlichkeit* ; 3 minuscule : très petit
4 le courrier des lecteurs (m./pl.) : les lettres écrites par les lecteurs ; 5 unanime : *einstimmig*
6 prendre du galon : *aufsteigen* ; 7 désormais : à partir de maintenant
8 lancer qn : *jdm. zu Erfolg verhelfen* ; 9 faire merveille : *Wunder vollbringen*

10 entamer qc : commencer qc ; 11 exhumer qc : *etw. ausgraben* ; 12 inédit,- e : *unveröffentlicht*
13 le volume : *der Band* ; 14 fulgurant, -e : *ici* : énorme ; 15 le calcul : *Rechnen*
16 la vente : *nom dérivé du verbe* vendre ; 17 indémodable : *nicht aus der Mode zu bringen*
18 préscrire qc : *etw. vorschreiben* ; 19 devoir l'essentiel à qn : *jdm. etw. Wesentliches verdanken*

34 Cochez (✗) la bonne réponse.

a) La première histoire du Petit Nicolas paraît dans...

☐ un journal.

☐ un magazine.

☐ une émission de télé.

b) Pendant six ans, ...

☐ on peut regarder le Petit Nicolas à la télé.

☐ on publie plusieurs fois par semaine une histoire du Petit Nicolas.

☐ 200 histoires du Petit Nicolas paraissent.

c) Le premier livre du Petit Nicolas est publié en...

☐ 1959.

☐ 1960.

☐ 1965.

d) Combien de nouvelles histoires du Petit Nicolas sont publiées après 2004 ?

☐ environ 500

☐ environ 200

☐ environ 100

35 Vrai ou faux ? Cochez (✗) et corrigez les phrases fausses.

	vrai	faux
a) Le dessinateur du Petit Nicolas s'appelle René Goscinny.	☐	☐

_____

_____

b) Le langage des textes du Petit Nicolas est simple.	☐	☐

_____

_____

c) Les créateurs du Petit Nicolas sont connus depuis
une émission de télévision.

☐ ☐

_____

_____

d) Les histoires inédites du Petit Nicolas sont publiées
par la femme de Goscinny.

☐ ☐

_____

_____

36 Répondez aux questions suivantes. Utilisez vos propres mots si possible.

a) De quoi parlent les histoires du Petit Nicolas ?

_____

_____

b) Pourquoi est-ce que Goscinny et Sempé ont publié plus d'une histoire du
Petit Nicolas ?

_____

_____

c) Qu'est-ce que le Petit Nicolas provoque chez les élèves ?

_____

_____

37 Cherchez dans le texte…

a) **une** information qu'on apprend sur le Petit Nicolas.

_____

_____

b) ce qu'on apprend sur la place du Petit Nicolas dans la littérature française.

_____

_____

Compréhension orale

Achats sur Internet

Lisez le vocabulaire, écoutez le texte **deux** fois et travaillez sur les exercices.

Vocabulaire
livrer qc : *etw. liefern*
la livraison : *Lieferung*
le colis : *Paket*
le relais : *in etwa: Paketannahmestelle*
le facteur : *Briefträger*
déposer qc : *etw. abstellen*
la carte bleue : *EC-Karte*
le guichet : *Schalter*
la nourriture : *Nahrung*

1 Nommez trois choses que Léa achète sur Internet.

- _____
- _____
- _____

2 Quels sont les avantages du site d'Amazon d'après Léa ?

☐ La livraison est rapide.

☐ Sur Amazon, on trouve presque tout.

☐ On peut aller chercher le colis dans un relais.

☐ On peut rendre les choses qu'on n'aime pas.

☐ On peut payer par chèque.

☐ Amazon accepte les cartes bleues virtuelles.

3 Quel est l'avantage d'acheter un billet de train sur Internet au lieu de *(anstatt)* l'acheter à la gare ?

_____

4 Quelles sont les deux choses que Léa n'achète pas sur Internet ? Nommez une raison.

- _____
- _____

Raison : _____

5   Quel est l'avantage de faire ses courses sur Internet d'après Léa ?

_____

🔊 Job d'été dans une assurance

Lisez le vocabulaire, écoutez le texte **deux** fois et travaillez sur les exercices.

Vocabulaire
l'assurance (f.) : Versicherung
au sein de : ici : dans
récupérer qc : hier: etw. eintreiben
être en tort : hier: schuldig sein
le dommage : Schaden
les congés (m./pl.) : les vacances (f./pl.)
auparavant : avant

6   Donnez une définition du mot « constat » d'après ce qu'Élisa raconte
(1–2 phrases).

Un constat, c'est _____

_____

7   Vrai ou faux ?   vrai   faux

a) Élisa a travaillé à l'assurance en août et en septembre.   ☐   ☐

b) Élisa est retournée travailler pour la même entreprise
    deux ans plus tard.   ☐   ☐

c) Élisa a été en contact avec des Anglais et des Américains.   ☐   ☐

d) Grâce à ce travail, Élisa a amélioré son anglais.   ☐   ☐

e) Quand Élisa a travaillé pour cette entreprise, elle avait
    18 ans.   ☐   ☐

f) Élisa a gagné 2 000 euros par mois.   ☐   ☐

g) Élisa a aimé le job.   ☐   ☐

🔊 Noël en famille

Lisez le vocabulaire, écoutez le texte une **première** fois et travaillez sur les exercices.

Vocabulaire
la belle-famille : la famille du mari/de la femme
l'huître (f.) : *Auster*
le saumon fumé : *Räucherlachs*
la langoustine : *Scampi*
le foie gras : *Gänse- oder Entenleberpastete*
en bas âge : très jeune

8 Dans chaque phrase, il y a une faute. Trouvez-la et corrigez-la.

	Correction :
a) Le repas de Noël a lieu chez Léa, la femme qui parle.	_____ _____
b) Le père de Léa fait la cuisine à Noël.	_____
c) L'oncle, la tante et les cousins arrivent vers 18 heures.	_____ _____
d) Ils ouvrent les cadeaux quand le Saint-Nicolas est passé.	_____ _____
e) Ils restent à table jusqu'à 22 heures environ.	_____ _____

Écoutez le texte une **deuxième** fois et travaillez sur les exercices.

9 Complétez le texte avec les mots qui manquent.

« Alors, chaque Noël, on passe les _____ de fin d'année en famille et moi, j'aime bien passer Noël dans ma famille, forcément, on va aussi dans ma belle-famille, mais forcément, je _____ le passer dans ma famille à moi avec _____ _____, avec ma sœur, son mari, son fils et donc mon mari et mes _____ _____. »

10 Qu'est-ce que la mère de Léa a fait il y a quelques années ?

_____

11 Qu'est-ce qu'il y a à manger ?

Apéritif
☐ kir royal
☐ jus de fruit
☐ champagne

Entrée
☐ salade
☐ fruits de mer
☐ fromage

Plat principal
☐ viande
☐ poisson
☐ surprise

Dessert
☐ mousse au chocolat
☐ un gâteau
☐ de la glace

Écoutez le texte une **troisième** fois pour compléter vos réponses.

Jeunes en entreprises

Lisez le vocabulaire, écoutez le texte **deux** fois et travaillez sur les exercices.

Vocabulaire
implanté, -e : *angesiedelt*
outre-Rhin : *en Allemagne*
voire : *sogar*
tripler : *sich verdreifachen*
viser à qc : *auf etw. abzielen*

12 a) Le texte parle d'une information donnée...

☐ dans un magazine.

☐ dans un journal.

☐ dans une émission de télé.

b) Les journées de découverte s'adressent aux jeunes de...

☐ 10 à 16 ans. ☐ 12 à 16 ans. ☐ 14 à 16 ans.

c) Quelles entreprises françaises et allemandes participent ?

☐ ARTE	ou ☐ ARD	?
☐ **DASA**	ou ☐ **EADS**	?
☐ Porsche	ou ☐ BMW	?
☐ **3M**	ou ☐ **BASF**	?
☐ Siemens	ou ☐ Bosch	?
☐ **Adidas**	ou ☐ **Décathlon**	?
☐ Villeroy et Boch	ou ☐ Rosenthal	?

13 Nommez trois buts de ce projet de l'Office franco-allemand de la Jeunesse.

- _____

- _____

- _____

14 a) En 2011, …

☐ 113 écoles ont participé.

☐ 130 écoles ont participé.

☐ 133 écoles ont participé.

b) La plupart des élèves qui ont participé étaient…

☐ des Français.

☐ des Allemands.

🔊 Le petit job

Lisez le vocabulaire, écoutez le texte **deux** fois et travaillez sur les exercices.

Vocabulaire
consister à faire qc : *darin bestehen, etw. zu tun*
ressortir qc : *etw. wieder herausholen*
prudent, -e : *vorsichtig*
maladroit, -e : *ungeschickt*
l'alcool (m.) : *hier: Schnaps, Likör*
les horaires (m./pl.) : *ici : les heures (f./pl.) de travail*
extensible : *ausdehnbar*

15 a) Élisa a fait de petits jobs…

☐ avant ses études.

☐ pendant ses études.

☐ après ses études.

b) Un job d'été est d'après elle une activité qu'on fait pendant les vacances pour…

☐ gagner de l'argent.

☐ être indépendant de ses parents.

☐ connaître d'autres jeunes.

16 Quelles informations donne le texte sur le petit job d'Élisa ?

Lieu de travail :	☐ RESTAURANT	☐ CAFÉ	☐ Bistrot
Devoirs principaux :	☐	☐	
	☐	☐	

Qualités qu'il faut pour faire les deux devoirs :	☐ être rapide	☐ être joli
	☐ parler l'anglais	☐ être gentil
	☐ connaître la carte	☐ faire attention
	☐ savoir faire la cuisine	☐ connaître les clients

17 a) Élisa…

☐ a aimé le job dont elle parle.

☐ veut refaire le job dont elle parle.

☐ n'a pas aimé le job dont elle parle.

b) Le salaire dans ce job dépend…

☐ de l'âge qu'on a.

☐ du nombre d'heures qu'on fait.

☐ de l'expérience professionnelle qu'on a déjà.

c) Élisa est contente d'avoir fait ce job parce que/qu'…

☐ le job était bien payé.

☐ elle a connu beaucoup de clients.

☐ elle a fait des expériences professionnelles.

18 Nommez deux inconvénients de ce petit job.

- _____
- _____

🔊 La Normandie

Lisez le vocabulaire, écoutez le texte une **première** fois et travaillez sur les exercices.

Vocabulaire
portuaire : *Hafen-*
les Vikings (m./pl.) : *Wikinger*
le débarquement : *Landung*
débarquer : *an Land gehen*
le Calvados : un département en Normandie
plan, -e : *flach*
vallonné, -e : *hügelig*
le calvados : *Calvados (Apfelbranntwein)*
le poiré : *Poiré (Birnenmost)*
l'heure (f.) d'ensoleillement : *Sonnenstunde*

19

a) Les îles Jersey et Guernesey font partie de…

☐ la Normandie.

☐ la Bretagne.

☐ l'Angleterre.

b) Rouen a…

☐ 9 000 habitants.

☐ 109 000 habitants.

☐ 112 000 habitants.

c) Le Mont Saint-Michel appartient à…

☐ la Normandie.

☐ la Bretagne.

☐ l'Angleterre.

d) Honfleur est connu pour…

☐ son port.

☐ ses peintres.

☐ ses marchés.

e) La superficie de la Normandie
est de…

☐ 2 990 km².

☐ 26 609 km².

☐ 29 906 km².

f) Le point le plus haut en
Normandie est de…

☐ 43 mètres.

☐ 413 mètres.

☐ 431 mètres.

g) Parmi les spécialités normandes,
on ne trouve pas de…

☐ crêpes.

☐ cidre.

☐ camembert.

h) La langue normande…

☐ a disparu.

☐ est en danger.

☐ est encore enseignée dans les
écoles.

20 Complétez les phrases avec les informations que donne le texte.

> L'événement historique le plus important pour la Normandie est le débarquement des
> Alliés qui a eu lieu le _____ juin _____. Ce jour-là, _____ soldats de
> nationalités différentes sont venus sur les _____ de Normandie et
> ont gagné contre les _____.

21 Complétez le tableau.

Le climat normand	
Températures en janvier :	entre _____ et _____ °C
Températures en juillet :	entre _____ et _____ °C
Jours de pluie :	_____ jours
Heures d'ensoleillement :	_____ heures

Écoutez le texte une **deuxième** fois et travaillez sur les exercices.

22 Nommez les trois ingrédients *(Zutaten)* d'un sablé normand.

- _____
- _____
- _____

Écoutez le texte une **troisième** fois pour compléter vos réponses.

🔊 Échange individuel

Écoutez le texte une **première** fois et travaillez sur les exercices.

Vocabulaire
avoir lieu : *stattfinden*
avoir hâte de faire qc : *es kaum erwarten können, etw. zu tun*

23 a) L'émission a lieu…

☐ le vendredi. ☐ le samedi. ☐ le dimanche.

b) Clémence est partie pendant…

☐ six mois. ☐ trois mois. ☐ trois semaines.

c) Clémence a…

☐ deux frères. ☐ deux sœurs. ☐ un frère et une sœur.

d) Pour trouver sa correspondante, Clémence a…

☐ fait une annonce.

☐ répondu à une annonce.

☐ demandé à son professeur de faire une annonce pour elle.

e) Au début, les filles ont parlé…

☐ des livres.

☐ de leurs familles.

☐ de l'école.

f) Clémence…

☐ avait peur de l'Allemagne.

☐ voulait en savoir plus sur l'Allemagne.

☐ avait envie de manger des saucisses.

g) Qu'est-ce que le père de Kathrin préfère ? ☐ ☐ ☐

h) Kathrin retournera en France à…

☐ Noël en train.

☐ Noël en avion.

☐ Pâques en avion.

Écoutez le texte une **deuxième** fois et travaillez sur les exercices.

24 Pourquoi est-ce que Clémence n'a pas participé au programme Sauzay ? Nommez deux raisons.

- _____
- _____

25 Complétez le texte suivant avec les mots qui manquent.

CLÉMENCE : « En fait, mon professeur d'allemand m'avait parlé de petites _____ sur le site de l'OFAJ. En consultant le site, j'ai vu des personnes chercher des _____ pour des échanges individuels ou essayer de trouver des _____ en tant que stagiaire ou jeune fille au pair. »

26 Dans quelles villes est-ce que Clémence et Kathrin habitent ?

Clémence   Kathrin

Metz

Neuss

Nürnberg

Montpellier   Marseille   Nördlingen

27 Qu'est-ce que Clémence et Kathrin ont fait pendant leur temps libre ? Nommez trois activités différentes.

- _____
- _____
- _____

La Réunion

Lisez le vocabulaire, écoutez le texte une **première** fois et travaillez sur les exercices.

Vocabulaire
le circuit : *Rundreise*
le requin : *Hai*
la baleine : *Wal*
l'hélicoptère (m.) : *Hubschrauber*
le Piton de la Fournaise : nom d'un volcan
la tortue : *Schildkröte*

28 Complétez le tableau.

Lieu où Philippe a habité	Sorte de logement	Durée en jours
Saint-Denis	_____	_____ jours
Saint-Louis	_____	_____ jours
Le Tampon	_____	_____ jours
Saint-André	_____	_____ jours

29 Cochez (✗) trois choses que Philippe a faites sur l'île de la Réunion.

☐	visite de la fabrication du rhum	☐	randonnée dans la nature
☐	visite d'un aquarium	☐	visite de la plantation de vanille
☐	visite d'un musée historique	☐	excursion en bateau

Écoutez le texte une **deuxième** fois et travaillez sur les exercices.

30 Pourquoi est-ce que Philippe ne voulait pas se baigner dans la mer ?

_____

_____

31 Vrai ou faux ?

		vrai	faux
a)	Au bord de la mer, il y avait beaucoup de gens.	☐	☐
b)	Pendant le vol en hélicoptère, Philippe avait une super vue sur la mer et le volcan.	☐	☐
c)	Philippe avait peur en hélicoptère.	☐	☐
d)	Philippe est parti au volcan à dix heures.	☐	☐
e)	Philippe a rencontré d'autres randonneurs au volcan.	☐	☐
f)	Dans la maison du volcan, il y a des informations sur beaucoup de volcans différents.	☐	☐

🔊 Actualités du jour

Lisez le vocabulaire, écoutez le texte **deux** fois et travaillez sur les exercices.

Vocabulaire
poursuivre qn en justice : *jdn. gerichtlich belangen*
le tome : *der Band*
les Pictes (m./pl.) : *Pikten (schottisches Urvolk)*
le lancer de tronc d'arbre : *Baumstammwerfen*
le mode d'avion : *Flugzeugmodus*
la dépression : *Tiefdruckgebiet*
la Manche : *Ärmelkanal*
se décaler : *sich verschieben*

32 Quel est le bon résumé de la rubrique « Politique » ?

☐ Le président de la République a poursuivi en justice un magazine qui avait publié des photos de lui et de sa nouvelle amie.

☐ Un magazine a publié des photos du président de la République et de sa nouvelle amie. Les Français ont des opinions différentes là-dessus.

☐ La plupart des Français ne soutiennent plus le président de la République après qu'un magazine a publié des photos de lui et de sa nouvelle amie.

33 Rubrique « Culture » : complétez le texte suivant avec les mots qui manquent.

« L'autre nouvelle du jour fera plaisir aux fans d'Astérix et d'Obélix : car ceux-ci font leur grand retour ! Pas au _____ cette fois-ci, mais après _____ années de pause, le _____ème tome vient de paraître. Très attendu par les fans, cet album est réalisé pour la première fois sans son dessinateur Albert Uderzo. À l'âge de _____ ans, il a décidé de faire place au dessinateur de BD Didier Conrad qui envoie Astérix chez les Pictes – des guerriers cruels habitant dans _____ de l'Écosse. À lire absolument ! »

34 Rubrique « Sport » : vrai ou faux ? Corrigez les phrases fausses.

vrai faux

a) Le texte parle du football. ☐ ☐

_____

b) Les Français sont champions d'Europe pour la deuxième fois. ☐ ☐

_____

c) Les Français ont gagné contre le Danemark. ☐ ☐

_____

d) Les Français ont gagné 42 à 31. ☐ ☐

_____

e) Quelques joueurs vont bientôt arrêter de jouer. ☐ ☐

35 Rubrique « Société » :

a) De quelle conséquence de l'utilisation du smartphone est-ce que le texte **ne** parle **pas** ?
Les jeunes dépendants du smartphone…

☐ font peu de sport.
☐ ont de mauvaises notes à l'école.
☐ ont moins le temps de travailler pour l'école.

b) Les chercheurs conseillent aux jeunes...

☐ d'éteindre leur smartphone pendant qu'ils travaillent.

☐ de donner leur smartphone aux parents pendant qu'ils travaillent.

☐ de mettre leur smartphone en mode d'avion pendant qu'ils travaillent.

36 Rubrique « Météo » : mettez les températures pour les villes et cochez (✗) le bon symbole pour le temps qu'il fait sur les côtes.

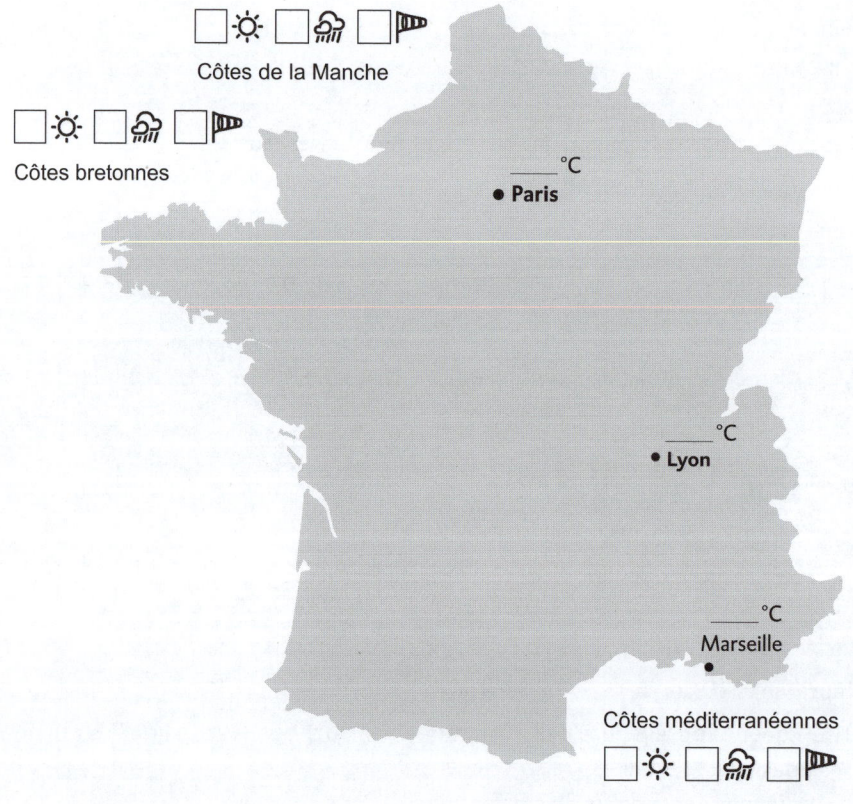

🔊 Le racisme

Lisez le vocabulaire, écoutez le texte **deux** fois et travaillez sur les exercices.

Vocabulaire
décrypter qc : *etw. entschlüsseln*
gratter qc : *ici* : chercher qc
franc, -che : *ehrlich*
le préjugé : *Vorurteil*
induire qc : *etw. mit sich bringen*
le pupitre : *Pult, hier: Tisch, Bank*
éclater en sanglots (m./pl.) : *in Tränen ausbrechen*
récurrent, -e : *wiederkehrend*
rejeter qn : *jdn. ausstoßen*
roux, -sse : *rothaarig*
rouquin, -e : qui a des cheveux roux
la sorcière : *Hexe*
le diable : *Teufel*

37 Ce document sonore est...

☐ un reportage.

☐ une interview.

☐ un portrait.

38 Quel est le titre de l'émission ?

« Je _____, mais... »

39 D'après Éric, pourquoi les gens deviennent-ils racistes et discriminent-ils les autres ?

_____

_____

40 Complétez le texte avec les mots qui manquent.

CLAUDIA : « Je me souviens une fois, toutes les _____ étaient prises, et il y a un de mes camarades qui a voulu _____ à côté de moi, mais simplement parce que c'était la dernière place de libre, c'est tout. Et les autres lui ont hurlé « Mais quelle horreur ! Tu te mets à côté de Claudia ! ». Et lui, je me rappelle, il s'appelle Frédéric, il dit « Mais, c'était la dernière place de libre, je n'y peux rien ! ». Il a un tout petit peu tiré son pupitre vers _____ pour ne pas être trop proche de moi. Mais en même temps, si vous voulez moi, je n'ai pas éclaté en sanglots à ce moment-là parce que… Ben… c'était quelque chose de _____ et de récurrent. »

41 a) Les camarades de classe ont rejeté Claudia parce que/qu'…

☐ elle était différente.

☐ elle était malade.

☐ ses parents étaient pauvres.

b) Dans la vie professionnelle, Claudia est…

☐ prostituée.

☐ présentatrice de la météo.

☐ professeur.

42 Choisissez dans la liste à quoi ou à qui les gens pensent d'après le texte quand ils voient des femmes et des hommes aux cheveux roux (trois réponses au total).

Femmes

☐ aux fées

☐ aux sorcières

☐ aux prostituées

Hommes

☐ au diable

☐ aux Irlandais

☐ aux fils du diable

Médiation

Deutsch-Französischer Freiwilligendienst

„Man muss selbständig und offen sein"

1 [...] Interview mit Gabriel Hugoniot, 21 Jahre, der im letzten Jahr seinen deutsch-französischen Freiwilligendienst in Toulouse gemacht hat. Gabriel ist in Bergheim bei Köln geboren, wuchs im Elsass auf und ging in Deutschland zur Schule. Zurzeit studiert er Gesellschaftswissen-
5 schaften in Straßburg.

Woher haben Sie über den deutsch-französischen Freiwilligendienst gehört?

Ich kannte bereits das FSJ (Freiwil-
10 liges Soziales Jahr) in Deutschland. In der Schule hatte ich zum ersten Mal etwas über die Möglichkeit des Freiwilligendienstes erfahren. Die Idee gefiel mir von Anfang an.

15 **Was war Ihre Motivation einen Freiwilligendienst in Frankreich zu machen?**

Ich habe zwar ein AbiBac gemacht, war aber mit meinen Französisch-Kenntnissen noch nicht zufrieden.
20 Ich wollte sie gerne vertiefen. Die AWO Berlin konnte mir einen Freiwilligendienst in Toulouse vermitteln. Mich hat das sehr gereizt. Außerdem wollte ich gerne vor dem
25 Studium ein Jahr in einem anderen Umfeld verbringen und etwas ganz Neues kennenlernen.

Wo war Ihre Einsatzstelle?

Ich habe meinen Freiwilligendienst
30 [...] bei Unis-Cité in Toulouse gemacht. Unis-Cité ist eine nationale französische Organisation, die in französischen Großstädten präsent ist und für soziale Ziele eintritt.
35 Unis-Cité rekrutiert Freiwillige und vermittelt sie an gemeinnützige Projekte. Sie arbeitet mit verschiedenen Unternehmen zusammen.

Was waren Ihre Tätigkeiten?

40 Ich war in einem Team mit sieben anderen Freiwilligen. Wir haben fünf verschiedene Projekte betreut. Wir haben zum Beispiel mit der Stadt Toulouse zusammengearbeitet und
45 haben einen solidarischen Markt mitorganisiert. Dabei haben wir uns um die „Animation" gekümmert und auch Flyer verteilt. Bei einem anderen Projekt haben wir Senioren
50 besucht und uns mit ihnen unterhalten. Anschließend haben wir mit ihnen für das Unis-Cité-Projekt *Les Passeurs de mémoire* Texte verfasst, in denen ältere Menschen aus ihrem
55 Leben berichten. [...]

Meinen Sie, dass der deutsch-französische Freiwilligendienst einem mehr Möglichkeiten bietet als ein gewöhnlicher Freiwilligendienst?

60 Ich finde den deutsch-französischen Freiwilligendienst bereichernder, denn im Gegensatz zum Freiwilligendienst im eigenen Land bekommt man die Möglichkeit, ein
65 ganz neues Umfeld und eine Kultur

in einem anderen Land zu entdecken. Der sprachliche Aspekt ist na-
türlich ein Plus. Außerdem muss
man selbständiger und offener sein.

70 **Hat der Freiwilligendienst Ihre persön-
lichen und beruflichen Pläne für die Zu-
kunft beeinflusst?**

Die Zusammenarbeit mit unter-
schiedlichen Menschen hat mein In-
75 teresse für Soziologie geweckt und
insofern auch meine Studienfach-
wahl beeinflusst.

Deutsch-Französisches Jugendwerk, Infobrief 5/2011, S. 12

1 Léa, une copine française, fait un stage chez Unis-Cité à Toulouse. Elle a découvert l'interview ci-dessus avec Gabriel Hugoniot, qui y a travaillé aussi.
Elle ne comprend pas tout l'article, mais son idée est de le faire résumer pour
les employés d'Unis-Cité. Faites donc un résumé du texte en répondant aux
questions suivantes :
- Pourquoi est-ce que Gabriel a fait le service volontaire, où est-ce qu'il a travaillé et qu'est-ce qu'il devait faire ?
- Qu'est-ce que Gabriel pense sur le service volontaire franco-allemand comparé au service volontaire « normal » ?
- Comment est-ce que ses expériences ont influencé ses projets pour l'avenir ?

Donnez aussi un titre à votre texte. Écrivez 150–200 mots.

Vocabulaire utile
Freiwilligendienst: le service volontaire
Umfeld: l'entourage (m.)
solidarischer Markt: le marché solidaire
bereichernd: enrichissant, -e
Gesellschaftswissenschaften: les sciences sociales (f./pl.)

⤬ Bundesfreiwilligendienst

Soziale Arbeit nach der Schule: Boom der Bufdis

1 **N**ein, da wächst keine Generation selbstsüchtiger Egoshooter heran: So viele junge Erwachsene drängen in den Bundesfreiwilligen-dienst, dass die 35 000 Stellen kaum reichen. Doch nicht alle treibt so-ziales Engagement an – einige wissen nach der Schule einfach nichts
5 mit sich anzufangen.

Bufdi, schon das Wort gefällt Matthias, 19, der als Freiwilliger bei der Le-benshilfe Aachen arbeitet, in der Kantine, gemeinsam mit behinderten Kolle-gen. Matze, wie sie ihn hier nennen, ist einer von mehr als 30 000 Bufdis, die während der vergangenen zwölf Monate ihren Dienst angetreten haben. Selbst
10 Optimisten haben nicht damit gerechnet, dass es mal einen solchen Andrang auf die Stellen geben würde.

Viele junge Leute drängen in den Bundesfreiwilligendienst, der [...] den Zi-vildienst ablöste. Die 35 000 Stellen bei Wohlfahrtsverbänden und sozialen Einrichtungen reichen für die zahlreichen Bewerber kaum aus. „Es konnte nie-
15 mand damit rechnen, dass wir so viel soziales Engagement in dieser Republik haben", sagt Ulrich Schneider, Hauptgeschäftsführer des Paritätischen Wohl-fahrtsverbandes, einer der großen Anbieter. „Junge Menschen haben unge-heure Lust, ein Jahr lang für andere was zu tun."

Bei Matze war das keine Frage von Lust. Er hatte nichts anderes, als er den
20 Realschulabschluss nachholen wollte und dann hinschmiss. Seine Kollegen haben Routine im Job: Brötchen belegen, Kaffee kochen. Kein Problem. Aber sie brauchen Matzes Überblick in der Küche, brauchen seine Aufmerksamkeit, erzählen von Zuhause, von ihren Problemen.

Joachim Prölß, Pflegedirektor am Uniklinikum Hamburg-Eppendorf, weiß
25 nicht, wie viele junge Leute er schon abweisen musste, aber es seien eine ganze Menge gewesen, sagt er. Das Krankenhaus hat nach der Umstellung von Zivis auf Bufdis etwa die Hälfte der Stellen verloren. „Wir haben nicht damit gerech-net, dass wir so viele Anfragen bekommen", sagt Prölß. Über 60 Prozent davon seien Frauen. „Bufdis sind hoch motiviert und viel verbindlicher als früher die
30 Zivis", sagt er. Viele sähen die Zeit als Berufsorientierung, um später in die Pflege zu gehen. Eine Ablehnung sei darum dramatisch.

„Wir empfehlen, langfristig zu denken", sagt Antje Mäder, Sprecherin des Bundesamtes für Familie und zivilgesellschaftliche Aufgaben [...]. Man könne nicht davon ausgehen, im nächsten Monat eine Stelle zu haben.

35   Lukas, 17, ist Bufdi im Uniklinikum München. Er will Lebenserfahrung sammeln. Er hilft in der Abteilung mit Nieren- und Lungenpatienten, wo er kann, nimmt sich Zeit, hört zu, spricht mit den Patienten. In aller Herrgottsfrühe aufstehen, auch mal schwer heben – und trotzdem gehe er jeden Tag gerne zur Arbeit, sagt er. Im August ist Schluss. „Leider", sagt er, aber in der Pflege ver-
40 diene man zu wenig. Schließlich wolle er mal Familie haben.

    Selbst wenn der junge Mann verlängern wollte, hätte er schlechte Karten. Die Gelder seien ausgeschöpft, sagt der Pflegedienstchef, Alfred Holderied. „Das ist äußerst bitter, wenn wir auf eingearbeitete Helfer verzichten müssen."

ELKE SILBERER/dpa/otr, http://www.spiegel.de/schulspiegel/abi/bundesfreiwilligendienst-boom-der-
bufdis-a-841281.html, 01.07.2012

Vocabulaire utile
Freiwilligendienstleistende(r), Bufdi: le/la volontaire
Freiwilligendienst: le service volontaire
Pflege: les soins (m./pl.) à la personne
Niere: le rein
Lunge: les poumons (m./pl.)

2   Vous êtes un ami de Lukas qui est mentionné dans l'article de journal ci-dessus. Depuis quelque temps, Lukas sort avec Béatrice, une fille française qui ne comprend pas bien l'allemand. Béatrice vous écrit l'e-mail suivant. Vous lui répondez en français. Écrivez 200–250 mots.

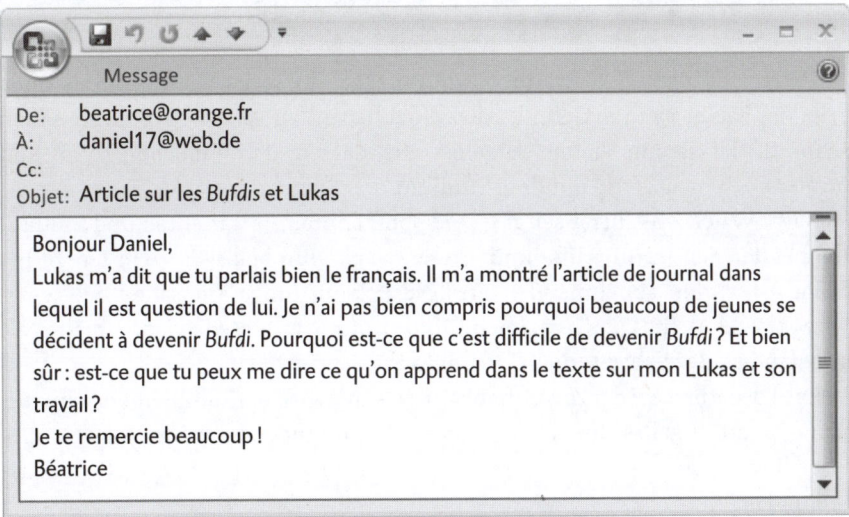

De: beatrice@orange.fr
À: daniel17@web.de
Cc:
Objet: Article sur les *Bufdis* et Lukas

Bonjour Daniel,
Lukas m'a dit que tu parlais bien le français. Il m'a montré l'article de journal dans lequel il est question de lui. Je n'ai pas bien compris pourquoi beaucoup de jeunes se décident à devenir *Bufdi*. Pourquoi est-ce que c'est difficile de devenir *Bufdi*? Et bien sûr : est-ce que tu peux me dire ce qu'on apprend dans le texte sur mon Lukas et son travail ?
Je te remercie beaucoup !
Béatrice

Verkürzung der Studiendauer

Zitat des Tages: „22-Jährige, in Tränen aufgelöst"

1 Druck in der Schule, Druck in der Uni: Berufsberaterin Karin Wilcke findet, dass Turbo-Abi und die Verkürzung des Studiums dem Selbstbewusstsein junger Erwachsener schaden. Die Lockerheit sei völlig verschwunden, es herrsche „Schulklassendenken". [...]

5 „Wenn Studenten heute ihr Studium nicht in sechs Semestern zu Ende bringen, haben sie das Gefühl, ‚sitzen geblieben' zu sein. (...) Bei mir saßen schon 22-Jährige, in Tränen aufgelöst, die klagten: ‚Ich bin schon so alt und immer noch nicht fertig mit dem Studium.' "

Karin Wilcke, 54, berät seit fast zwei Jahrzehnten Abiturienten und Studen-
10 ten bei der richtigen Berufs- und Studienwahl. Nun beklagte sie in einem Interview [...] den zunehmenden Erfolgsdruck auf junge Menschen. Sie weiß, wovon sie spricht: Die Germanistin und promovierte Mediävistin arbeitet als selbständige Berufsberaterin in Düsseldorf.

Die Lockerheit bei der Zukunftsplanung sei inzwischen komplett verschwun-
15 den: „Heute ist alles direkt ein Drama." Viele Studenten hätten das Gefühl, unbedingt in sechs Semestern fertig sein zu müssen, da herrsche „Schulklassendenken".

Der Politik wirft die Berufsberaterin vor, nur aus Kostengründen den Abschluss bei der Ausbildung und im Studium zu beschleunigen. „Das Hauptargument bei der Verkürzung von Schul- und Hochschulzeit war nach offiziellen Angaben der Wunsch der Wirtschaft nach jüngeren Berufseinsteigern", sagt Wilcke.

Dahinter stecke aber eine Politik der Personaleinsparung. Verkürzt man die Schulzeit von neun auf acht Jahre, habe man auch ein Neuntel der Lehrer gespart. Die Konsequenz sei, dass viele angehende Akademiker unsicher wären. „Ist es wirklich wichtig, 23-jährige Absolventen statt 24-jährige auf den Arbeitsmarkt zu entlassen?", fragt Wilcke.

jon, http://www.spiegel.de/schulspiegel/abi/verkuerzung-von-schul-und-studienzeit-schwaecht-das-selbstbewusstsein-a-858602.html, 29.09.2012

Vocabulaire utile
Verkürzung: la réduction
Studiendauer: la durée des études
Lockerheit: la légèreté
Berufsberaterin: la conseillère d'orientation professionnelle

3 À l'université, Emma, une étudiante française qui ne parle pas encore bien l'allemand, vous montre l'article ci-dessus et vous demande de lui expliquer ce que Karin Wilcke pense sur la réduction de la durée des études et ce qu'elle reproche à la politique dans l'article. Emma vous donne son adresse e-mail et le lendemain, vous lui écrivez un e-mail en français (100–150 mots).

emma.dubois@orange.fr

⤬ Parkour

1 **Ein Trend aus Frankreich erreicht nun auch Deutschland: Sogenannte Traceure schlagen sich beim Trendsport Parkour akrobatisch durch den Großstadtdschungel.**

Die Geschichte von Parkour beginnt […] in Nordfrankreich. In den Wäldern
5 zeigt ein ehemaliger Soldat seinem Sohn David Belle Wege, die auf keiner Landkarte stehen. Anfang der 80er-Jahre verlegt David den Hindernislauf in den Großstadtdschungel. Seine Freunde versuchen ihm zu folgen und bald wird Davids „Kunst der Fortbewegung" zum Trendsport der anderen Art. […]

Noch gibt es nur ein paar Hundert Traceure in Deutschland. In Frankreich
10 hingegen ist Parkour dank seines charismatischen Erfinders David Belle längst eine große Szene und Teil der jungen Kultur. Der Film *Banlieue 13* mit David Belle, nach einem Drehbuch von Luc Besson, lief erfolgreich in französischen Kinos und auch im […] Video *Hung up* von Pop-Ikone Madonna sind Traceure der Hingucker.

15 Parkour ist aber mehr als eine oberflächliche Modeerscheinung. Parkour ist die effiziente und spektakuläre Fortbewegung durch Stadt und Natur – ohne Hilfsmittel, elegant und mit fließenden Bewegungen. Der Weg wird bestimmt von der vorgegebenen Topographie, dem eigenen Können und den eigenen Ideen. Parkour ist kreativ, viele betrachten es eher als Kunstform denn als
20 Sportart.

Außer geeigneten Sportschuhen bedarf es keiner Ausrüstung, Hilfsmittel oder Sportareal. Es ist ein echter „Überall-Sport". Denn man kann ihn überall machen – in der Stadt oder in der Natur: Über Stock und Stein, Treppen und Geländer, Häuser und Hindernisse laufen, springen und klettern die Traceure.

25 So lernen sie eine vertraute Umgebung neu kennen, entdecken und verbessern das eigene Körpergefühl, stimulieren ihre Kreativität. Traceure gehen keine unnötigen Risiken ein, entwickeln ihre Fähigkeiten aber konsequent weiter. Bei Parkour geht es um Kontrolle, nicht um Wagemut. […]

http://www.funsporting.de/News/Trendsport_Parkour_5299/trendsport_parkour_5299.html

Vocabulaire utile
sich bewegen: bouger
Hindernis: l'obstacle (m.)
akrobatisch: acrobatique
Trendsport: le sport à la mode
Körperbeherrschung: la maîtrise du corps

4 Dans le journal de votre lycée, il y a de temps en temps des articles en langues étrangères. Pour la section de français, votre prof vous a prié de présenter un sport populaire en France. Il veut que la présentation soit dans le style d'une entrée d'encyclopédie *(= Enzyklopädieeintrag)* avec un titre. Répondez aux questions suivantes et écrivez 150–200 mots.

- Qu'est-ce que c'est le parkour et où est-ce qu'on peut le pratiquer ?
- Qu'est-ce que le texte dit sur les origines et l'histoire du parkour en France ?
- De quoi est-ce qu'on a besoin pour faire du parkour ?

 ## Modesport Longe Côte

TRENDSPORT IN FRANKREICH

Ins Wasser, marsch!

1 **In der Normandie entdecken Strandurlauber eine neue Sportart: Sie wandern im Meer.**

VON MARC BIELEFELD

Eine Welle hebt den Monsieur vor mir an, er verliert den Boden unter den Fü-
5 ßen, wird wie ein Korken sanft einen Meter nach links getragen. Nur sein Hin-
terkopf ragt noch aus dem Wasser. Dann findet er wieder Halt, stemmt sich
gegen die Strömung und marschiert weiter durch das Meer.

Direkt hinter mir arbeiten sich zwei ältere Damen aus Cherbourg durch die
Wellen, rudern mit den Armen, den Oberkörper nach vorne geneigt. Eine der
10 beiden stößt ein kurzes Quieken aus, als eine Woge bricht und sie unter ihrem
Schaum begräbt. „*Magnifique!*", ruft sie, während sie wieder auftaucht, die
Wangen rosé gefärbt vom kalten Wasser. „Herrlich!"

Ich bin Teil einer Gruppe von 22 Menschen, die an diesem ferienblauen
Sommermorgen im Atlantik unterwegs ist, 30 Meter vom Ufer entfernt,
15 mitten in der Brandungszone. Wir alle tragen Neoprenanzüge, Füßlinge und
gehen einer so schlichten wie ungewöhnlichen Disziplin nach: Wir wandern
durch das Meer.

Eine halbe Stunde zuvor standen wir noch im
Kreis am weiten Strand von Hauteville-sur-Mer,
20 einem kleinen Ferienort an der Westküste der nor-
mannischen Halbinsel La Manche. […] Unsere
Kursleiterin Nathalie Houdusse gab eine schnelle
Einweisung: „Wir werden erst ein, zwei Kilometer
Richtung Süden marschieren gegen die Strömung",
25 sagte sie. „Wenn ich pfeife, kehren wir um. Geht
nicht zu weit ins Tiefe, das Wasser sollte euch
höchstens bis zur Schulter reichen. Und versucht,
immer schön zusammen zu bleiben." […]

Hauteville-sur-Mer (Normandie)

Inzwischen sind wir wohl einen Kilometer weit gekommen. Mitten in der
30 Gruppe schreite ich in großen Schritten voran, drücke mich vom sandigen
Meeresboden ab, kämpfe gegen den Widerstand des Wassers. […] Die Sportart
erweist sich als anstrengender als gedacht. „Das ist, als ob man eine Stunde in
einem Schwimmbad spazieren geht, während dir jemand alle zehn Sekunden
einen Eimer Wasser über den Kopf kippt", ruft ein Herr in den Wind hinein.

35 [...] Sonst besteht die Gruppe zum größten Teil aus Frauen [...]. „Jeder kann mitmachen", sagt Nathalie Houdusse, „Geschlecht und Alter spielen keine Rolle." [...]

Erfunden hat das Wasserwandern der Trainer eines Ruderclubs in Dunkerque im Norden Frankreichs, nahe der belgischen Grenze. Eines Tages kam er
40 auf die Idee, seine Schützlinge als Fitnessübung zu Fuß und mit Paddeln in den Händen durchs Meer zu scheuchen. Das erwies sich als exzellentes Training, und so gründete man einen Verband, ersann Übungspläne und Richtlinien und ließ sich den Namen Longe Côte für die Erfindung schützen – was auf Deutsch so viel bedeutet wie „die Küste entlanggehen". In Hauteville-sur-Mer bekam
45 der Tourismusverband Wind von der Sache und machte sich auf die Suche nach jemandem, der Lust hatte, den Sport den Feriengästen beizubringen. Die 46-jährige Nathalie Houdusse, im normalen Leben Tanzlehrerin, und ihre 63-jährige Freundin Andrée Norgeot waren begeistert und gründeten im vergangenen Jahr einen eigenen Club, der inzwischen 60 Mitglieder zählt. Es ist der
50 einzige in der Region La Manche, sonst wird Longe Côte nur noch in Dunkerque und einigen Orten an Frankreichs Westküste ausgeübt. [...]

Der schrille Ton einer Trillerpfeife lässt mich aufhorchen: Madame Houdusse gibt das Zeichen zum Umkehren. Die Hälfte der Strecke ist geschafft, gut die Hälfte der Teilnehmer ebenfalls.
55 „Wir haben immer ein Auge auf die Neulinge!", sagt Madame Houdusse und reibt sich das Salzwasser aus den Augen. „Manchmal machen Leute mit, die überhaupt keine Kondition haben oder Angst vor dem Meer. Aber weil wir in der Gruppe wandern und zu tiefes Wasser meiden, trauen sie sich mit uns schon mal in die Brandung." [...]
60 Nach einer weiteren halben Stunde Wanderung bricht die Gruppe langsam auseinander, manche schwimmen ein paar Meter, andere ziehen es vor, im flacheren Wasser direkt an der Uferkante zurückzugehen. So lange durch gurgelndes, schulterhohes Meer zu stapfen, ist tatsächlich ermüdend. [...]

Doch das Longe Côte gilt auch als äußerst gesund: Die weichen Bewegun-
65 gen seien gelenkschonend, sagt Madame Houdusse, durch das niedrigere Eigengewicht im Wasser bekomme man kaum Muskelkater. Herz und Kreislauf würden angeregt, die Haut werde vom frischen Salzwasser regelrecht massiert. „Und dann diese wunderbar salzige Luft! Das Beste, was die Lungen atmen können!" [...]
70 Dreimal die Woche marschieren die beiden Damen bis zu sechs Kilometer durch den Atlantik – auch im Winter, wenn die Wassertemperatur nur fünf Grad beträgt und am Ufer Schnee liegt. Dann tragen sie Handschuhe und Neoprenhauben gegen die Kälte. [...] Inzwischen ist auch schon das Fernsehen auf

die Damen aufmerksam geworden. Und französische Frauenmagazine, die nur
75 zu gern neue Fitnesstrends aufspüren, berichteten über das Meereswalking.

Die letzten 100 Meter schaffen viele Kursteilnehmer nur noch keuchend
und prustend [...]. Die warme Dusche danach tut allen gut. Eine halbe Stunde
später sitzen Madame Houdusse und Madame Norgeot in einem kleinen Restaurant an der Promenade, trinken Café crème. Ob das Longe Côte die Chance
80 habe, zu einer richtigen Sportart zu werden? *„Mais oui!"*, antworten die beiden
unisono. [...] Zumindest hier in Hauteville-sur-Mer sei das Longe Côte inzwischen voll akzeptiert, sagt sie. Ganz anders als noch vor einem Jahr: Wenn sie
sich damals auf den Weg zum Atlantik machten – im Neoprenanzug, das Paddel in der Hand –, amüsierte sich der ganze Strand über die beiden Damen.
85 „Wartet", riefen die Fischer ihnen lachend hinterher, „ihr habt euer Kanu vergessen!"

© Die Zeit 30/2011

Vocabulaire utile
Paddel: la pagaie
Neoprenanzug: la combinaison en néoprène
Füßling: le protège-bas
Neoprenhaube: le bonnet en néoprène
Handschuh: le gant
Bewegung: le mouvement
Gelenk: l'articulation (f.)
Muskelkater: les courbatures (f./pl.)
Kreislauf: la circulation
Lunge: les poumons (m./pl.)

5 Pour le cours de français, vous devez présenter des nouveautés en France. Votre
professeur de français vous donne l'article ci-dessus en allemand. Vous devez
faire une fiche de travail pour vos camarades de classe. Écrivez 150–200 mots.

> Le longe-côte
>
> 1. Qu'est-ce que c'est, le longe-côte ?
>
> 2. Où en France est-ce qu'on peut faire du longe-côte ?
>
> 3. Qui peut faire du longe-côte ?
>
> 4. De quoi est-ce qu'on a besoin pour faire du longe-côte ?
>
> 5. Quels sont les effets du longe-côte sur la santé ?

Deutsch-französisches Geschichtsbuch

Ein Geschichtsbuch macht Geschichte

1 Es ist ein Meilenstein in den deutsch-französischen Beziehungen: In Deutschland kommt ein Geschichtsbuch heraus, das in beiden Ländern entstand und auch in französischen Schulen benutzt wird. [...]

Buch mit psychologischen Wirkungen

5 Zehn Historiker, je fünf aus jedem Land, haben zu diesem bilateralen Buch-Projekt beigetragen. Das Lehrbuch wird [...] als Lehrbuch im Geschichtsunterricht eingesetzt. Das Ergebnis ist nicht nur ein Markstein in den deutsch-französischen Beziehungen, sondern auch ein Meilenstein für Deutschland selbst: Es ist das einzige Lehrbuch, das von allen 16 Bundesländern anerkannt wurde.

10 Das Buch sei nicht nur durch seine erzieherische Bedeutung wichtig, sondern auch durch seine psychologische Wirkung, glaubt das Auswärtige Amt: Junge deutsche und französische Schüler lernen nicht nur ihre eigene Geschichte kennen, sondern werden auch mit der Geschichte Europas vertraut gemacht – und das mit Hilfe desselben Buches.

15 Schüler sind nicht nur Zielgruppe, sondern auch Initiatoren des Projekts: Zum 40-jährigen Jubiläum des deutsch-französischen Freundschaftsvertrags schlugen Teilnehmer des Treffens des Deutsch-Französischen Jugendparlaments im Jahr 2003 das Projekt vor. Die Idee wurde vom Auswärtigen Amt und vom französischen Bildungsministerium aufgegriffen. [...]

20 Streitpunkt USA

Traditionell seien die USA für Frankreich eine Art Konkurrent mit großer Macht, während Amerika in Deutschland nach 1945 nie als Konkurrent gesehen worden sei, erklärt Geiss[1]. „Im Bewusstsein der deutschen Öffentlichkeit ist die Erinnerung an den amerikanischen Beitrag zur politischen und

25 wirtschaftlichen Entwicklung immer noch wach. Der Wiederaufbau Deutschlands nach dem Zweiten Weltkrieg wird mit der amerikanischen Präsenz in Deutschland verbunden."

Der Kommunismus war ein weiteres Problemfeld. Während die kommunistische Bewegung in den 1950er und 1960er Jahren in Frankreich von gro-

30 ßer politischer Bedeutung war, wird Kommunismus in Deutschland mit Diktatur, mit der Regierung in der DDR und der Expansion der Sowjetunion assoziiert. [...]

Lockerer Umgang

[…] Für die Schüler hat das Buch vor allem auch einen besonderen Vorzug: Es
35 sind sehr viele Bilder darin. Auch wenn es kaum noch auffällt: Der lockere
Umgang der heutigen Jugendlichen mit dem Lehrbuch ist vor dem Hinter-
grund der deutsch-französischen Konflikte im 20. Jahrhundert historisch be-
merkenswert. „Für die heutige Jugend scheint es selbstverständlich und auch
interessant zu sein, von einem deutsch-französischen Geschichtsbuch zu ler-
40 nen. Meine Oma ist aber entsetzt von dieser Tatsache", erklärt Munier[2].

Barbara Gruber, http://www.dw.de/ein-geschichtsbuch-macht-geschichte/a-2082267, 10.07.2006

Annotations

1 *Peter Geiss ist einer der beiden Herausgeber des Buches.*
2 *Frédéric Munier ist Lehrer in Paris.*

Vocabulaire utile

deutsch-französisches Jugendparlament: le Parlement franco-allemand des Jeunes
Lehrbuch: le manuel (scolaire)
Historiker: l'historien (m.)
wohingegen, während: alors que (+ ind.)
Konkurrent: le concurrent
Kommunismus: le communisme
DDR: la RDA (République démocratique allemande)

6 Votre mère reçoit une copine française, qui est professeur d'histoire-géo. Sur
Internet, elle a découvert cet article. Elle voudrait parler à ses élèves de ce sujet,
mais elle ne comprend pas tout. Pour cela, elle vous demande de répondre aux
questions suivantes. Écrivez environ 200–250 mots.

> **Le manuel franco-allemand d'histoire**
> 1. Qui a eu l'idée de ce manuel et comment a-t-il été réalisé ?
> 2. À qui s'adresse ce manuel ?
> 3. Quels sont les aspects positifs de ce manuel ?
> 4. Est-ce qu'il y a des sujets qui ont posé problème ? Lesquels et pourquoi ?

✕ Voisins solidaires

Un réseau[1] de solidarité entre voisins

1 **Atanase Périfan a plus d'un tour dans son sac. Après la Fête des voisins, il lance, cette année, Voisins solidaires.**

Neuf ans après la Fête des voisins[2], et le succès que l'on connaît (5 millions de participants en France, 8 millions en Europe), Atanase Périfan se lance dans 5 une nouvelle aventure. Son idée : Voisins solidaires, un réseau de proximité fondé sur la solidarité et l'entraide[3] entre voisins.

« En donnant une heure de son temps par mois, on peut être utile à tous », affirme ce militant associatif de 44 ans. Nourrir le chat de la voisine partie en vacances, prendre le courrier de la personne handicapée du second, partager 10 son abonnement Internet… « Des idées toutes simples, mais qui sont des prétextes pour se rencontrer et faire reculer[4] le repli sur soi[5] et l'indifférence. »

Pour faire partie du réseau, rien de plus simple. Il suffit de s'inscrire sur le site Internet www.voisinssolidaires.fr et de proposer ses idées pour donner un coup de main à ses voisins. Après, il n'y a plus qu'à passer à l'action et devenir 15 un voisin solidaire et prévenant.

Avec son enthousiasme à toute épreuve, ce chef d'entreprise, adjoint au maire[6] du XVIIe arrondissement de Paris, a déjà convaincu treize villes : Agde, Bordeaux, Caen, Paris XVIIe, Mérignac, Châteauroux, Arras, Dreux, Montfermeil, La Garde, Villennes-sur-Seine, Donzère. Le 25 mars, Atanase Périfan pré-20 sentera son projet à Christine Boutin, ministre du Logement et de la Ville.

Émilie CHASSEVANT, © Ouest France

Vocabulaire
1 le réseau : *Netz* ; 2 la Fête des Voisins : *jährl. Nachbarschaftsfest in vielen Städten Frankreichs*
3 l'entraide (f.) : *gegenseitige Hilfe* ; 4 faire reculer qc : *arrêter qc, réduire qc*
5 le repli sur soi : *Abkapselung* ; 6 l'adjoint (m.) au maire : *stellvertretender Bürgermeister*

7 Im Französischunterricht haben Sie diesen Zeitungsartikel behandelt. Weil Sie gerne möchten, dass in Ihrem Wohnblock etwas Ähnliches auf die Beine gestellt wird, versuchen Sie, Ihre Nachbarn zu überzeugen und informieren sie in einem Aushang im Treppenhaus über die folgenden beiden Fragestellungen:
- Was steckt hinter dem Projekt *Voisins solidaires*?
- Wie kann man an dem Projekt teilnehmen?

Schreiben Sie auf Deutsch ein Anschreiben an Ihre Nachbarn (150–200 Wörter). Vergessen Sie Einleitung und Schluss nicht.

⤬ Service volontaire

« Une vraie source d'apprentissage »

1 Géradine Rennert vient de Forbach en Moselle. Après deux années d'études en information et communication, elle s'est lancée dans un volontariat[1] franco-allemand à Berlin. Elle y travaille dans un atelier[2] de jour pour polyhandicapés[3].

5 **❯ Comment t'est venue l'idée de t'engager dans un service civique[4] en Allemagne ?**

Je n'étais pas tout à fait sûre de mon orientation. Je suis donc allée au centre d'information de la Jeunesse à Paris, où je faisais mes études et, par hasard, je suis tombée sur le flyer de l'OFAJ. En lisant le descriptif qui proposait à la fois

10 une expérience professionnelle et d'apprendre l'allemand, je me suis dis : il faut vraiment que je le fasse, c'est fait pour moi.

❯ Pourquoi souhaitais-tu faire un service volontaire[5] en Allemagne ?

Pour moi c'était vraiment important d'apprendre l'allemand car je viens de Moselle et que ma ville se situe à cinq minutes de la frontière allemande. Elle a

15 tout un parcours historique et culturel avec l'Allemagne. Et même si j'avais fait de l'allemand à l'école, je ne pratiquais pas cette langue comme certaines personnes dans mon entourage ou dans mon cercle d'amis.

[...]

❯ À quoi ressemble ton quotidien ?

20 Nous sommes cinq éducateurs[6] pour neuf handicapés. Pendant les cinq premiers mois, je me suis occupée de l'atelier couture[7] puis je suis passée à l'atelier bois[8]. J'apporte une assistance aux polyhandicapés qui travaillent avec des machines adaptées. Ils arrivent le matin à 8 heures et repartent entre 13 et 15 heures. Je m'occupe donc également des repas.

25 **❯ Les débuts n'ont-ils pas été trop difficiles ?**

On parlait effectivement de handicap mais de mon côté j'en avais deux. Tout d'abord, je ne connaissais pas du tout le milieu des handicapés et ensuite je ne maîtrisais absolument pas la langue. Mais ça n'a jamais posé problème, ni avec les collègues, ni avec les handicapés. Le contact se faisait, comme quoi il n'y a

30 pas besoin uniquement de la parole. La communication non verbale est essentielle et permet de dépasser beaucoup de barrières.

❯ Est-ce que tes attentes ont été satisfaites ?

Mes attentes sont plus que satisfaites. Car, au départ, je voulais faire un volontariat franco-allemand d'abord pour apprendre la langue mais j'ai

35 découvert un métier qui me plaît énormément et je souhaite continuer à

l'exercer et donc changer mon parcours d'études. Idéalement, j'aimerais rester en Allemagne pour devenir *Sozialarbeiterin*. Mais je peux également imaginer rentrer en France pour devenir éducatrice spécialisée[9].

> **Recommanderais-tu cette expérience à d'autres ?**

40 Absolument ! Je trouve que c'est une très bonne méthode. Quand je l'ai commencé c'était encore le volontariat franco-allemand qui n'était pas rattaché au service civique. Et j'espère que c'est un programme qui va se développer car il permet de découvrir des domaines auxquels on n'aurait pas forcément accès, de se découvrir soi-même aussi. C'est une vraie source d'apprentissage. [...]

http://www.ofaj.org/sites/default/files/flipbook/infobrief-lettre-d-info-36/index.html#/4/

Vocabulaire
1 le volontariat : *Freiwilligendienst* ; 2 l'atelier (m.) : *hier: Werkstatt*
3 le/la polyhandicapé, -e : *Mensch mit mehrfacher Behinderung*
4 le service civique : *Freiwilligendienst* ; 5 le service volontaire : *Freiwilligendienst*
6 l'éducateur (m.) : *hier: Betreuer* ; 7 l'atelier (m.) couture : *Nähwerkstatt*
8 l'atelier (m.) bois : *Holzwerkstatt* ; 9 l'éducatrice (f.) spécialisée : ≈ *Sozialpädagogin*

8 Sie machen ein Praktikum beim Deutsch-Französischen Jugendwerk in Paris. Ihr Chef gibt Ihnen dieses Interview auf Französisch und bittet Sie, für die deutsche Version der Homepage Géraldine Rennert und ihre Erfahrungen mit dem Freiwilligendienst in einem kurzen Artikel mit Überschrift auf Deutsch vorzustellen (200–250 Wörter).

⤨ AbiBac

L'AbiBac est un examen unique qui permet la délivrance simultanée du Baccalauréat français et de son équivalent allemand *(Abitur)* depuis 1994. Il donne accès [...] aux universités françaises et allemandes. Le taux de réussite des candidats est supérieur à 95 %. [...]

Il est possible de présenter l'AbiBac dans 76 établissements : 71 lycées répartis dans 25 académies de métropole[1] et un d'outre-mer, ainsi que cinq lycées français en Allemagne. Chacun de ces établissements a un établissement partenaire en Allemagne, permettant des échanges autour de projets destinés à concrétiser les apprentissages et à fonder l'amitié franco-allemande.

Comment préparer l'AbiBac ?

L'inscription s'effectue [...] à l'entrée en classe de seconde dans un des 76 établissements ayant une section AbiBac. Il peut y avoir un entretien de motivation avec l'équipe enseignante. Ces sections sont accessibles à tous les élèves se destinant aux séries L[2], ES[3] et S[4] et possédant un bon niveau en allemand. Il n'est pas nécessaire d'avoir été inscrit dans une section européenne en 4e et en 3e.

Les lycéens préparant l'AbiBac suivent les programmes[5] nationaux français, sauf en allemand et en histoire et géographie, disciplines à programmes spécifiques pour ce cursus.

>> En allemand, l'horaire hebdomadaire[6] est de six heures (langue, civilisation, littérature) ;

>> En histoire et géographie (quatre heures par semaine), l'enseignement se fait [...] en langue allemande.

En début de seconde, un rythme de travail adéquat permet de laisser aux élèves le temps d'adaptation nécessaire. Le programme est défini en commun par les autorités éducatives des deux pays.

Comment se déroule l'examen ?

Les élèves passent normalement les épreuves de baccalauréat de leur série, à l'exception de deux épreuves spécifiques qui permettent la double délivrance des diplômes :

>> un examen écrit de littérature allemande et un oral d'allemand obligatoire en présence d'un examinateur allemand ;

>> en histoire et géographie, l'épreuve écrite a lieu[7] en langue allemande, ce qui correspond aux enseignements suivis au cours des trois années de scolarité au lycée. [...]

www.ciep.fr

Vocabulaire
1 la métropole : *französisches Mutterland ohne Überseegebiete*
2 la série L : ≈ *sprachlich-philosophischer Zweig*
3 la série ES : ≈ *wirtschaftlich-sozialwissenschaftlicher Zweig*
4 la série S : ≈ *naturwissenschaftlicher Zweig* ; 5 le programme : *hier: Lehrplan*
6 hebdomadaire : *wöchentlich* ; 7 avoir lieu : *stattfinden*

9 Sie haben eine französische Mutter und einen deutschen Vater, leben mit ihnen in Bordeaux und bereiten sich dort auf das AbiBac vor. Über Ihre Eltern lernen Sie Paul kennen, einen deutschen Jungen, der vor Kurzem nach Frankreich gezogen ist und noch zwei Jahre ins Collège geht. Er möchte später ebenfalls das AbiBac machen und hat die Informationen oben im Internet gefunden. Da sein Französisch noch nicht so gut ist, bittet er Sie, folgende Fragen auf Deutsch zu beantworten (150–200 Wörter).

Kannst du mir bitte erklären, was das AbiBac genau ist?

Wo kann man das AbiBac erwerben?

Für wen kommt das AbiBac in Frage?

Wie sieht der Lehrplan aus?

Wie läuft die Abiturprüfung ab und welche Vorteile bietet das AbiBac?

⤬ Paris Night Ride

Concept | Départ tous les lundis à partir de 21 h 30

Un bus pour une balade « DJ » dans Paris by night

1 **Depuis le 28 juin, le Paris Night Ride propose un circuit[1] original et décalé en autobus et au son de la musique techno à travers la capitale.**

« Découvrir Paris d'une manière originale, loin
5 des visites institutionelles », tel est le credo de Nicolas d'Issernio, à l'origine de l'entreprise Bus Event
[…].

Le principe est simple : un ancien véhicule de la
RATP[2] entièrement équipé (écrans vidéo, système
10 d'éclairage et audio, régie DJ, vestiaire, toilettes)
sillonne[3] les plus belles rues de la capitale.

« L'idée m'est venue lors d'un trajet avec un camarade de promotion » raconte l'ancien élève de
Ponts et Chaussées. Dans le cadre du Bus Event, il a
15 déjà organisé « plus de 150 fêtes (anniversaire, enterrement de vie de jeune fille[4]…) en moins d'un an
et demi ». Destiné aux groupes et aux entreprises, le
bus aménagé en salon privé s'ouvre depuis le
28 juin au tourisme et accueille les Paris Night
20 Ride. Face au musée du Louvre, tous les lundis, à la
nuit tombée et au son de la musique mixée par le
DJ, il s'élance dans la ville Lumière[5] pour environ
deux heures de circuit. Les informations touristiques sont relayées en français et en anglais sur
25 quatre écrans à bord. Une coupe de champagne est
offerte à chaque passager. « Nous limitons la capacité du bus à 35 personnes (23 places assises) » souligne Nicolas d'Issernio. Des pauses sont organisées
dans des lieux emblématiques[6] de Paris pour per-
30 mettre aux fumeurs d'assouvir leur besoin. Très
utile en été car cet ancien bus de la RATP n'est malheureusement pas climatisé.

La formule Paris Night Ride s'adresse à une
clientèle plutôt jeune et festive en quête d'un bon
35 moment de convivialité[7]. Un agent de sécurité est là

en cas de problème. […] Le tarif est de 45 euros la place. Les deux prochaines soirées sont au tarif de lancement[8] de 35 euros.

Renseignements et inscriptions : www.paris-night-
40 ride.com.

Quotidien du tourisme, 5.7.2010, pris de www.soireebus.fr/Revue-de-Presse

Vocabulaire
1 le circuit : *Rundfahrt* ; 2 la RATP : *Pariser Verkehrsbetriebe* ; 3 silloner qc : *etw. abfahren*
4 l'enterrement (m.) de vie de jeune fille : *Junggesellinnenabschied* ; 5 la ville Lumière : Paris
6 emblématique : symbolique ; 7 la convivialité : *Geselligkeit*
8 le tarif de lancement : *Einführungstarif*

10 Sie machen Urlaub in Paris. Beim Frühstück im Hotel werden Sie von Nathalie, einem jungen deutschen Mädchen am Nachbartisch, angesprochen, weil Sie so gut Französisch sprechen. Nathalie hat diesen Artikel entdeckt, versteht aber nicht alle Teile. Sie bittet Sie, ihr bis abends die wichtigsten Informationen des Artikels (Was und warum? Wer? Wann und wo? Wie viel?) in einer Nachricht auf Deutsch zusammenzufassen (150–200 Wörter).

Production écrite

✎ La dispute

1 Imaginez un dialogue entre les deux personnes de la photo ci-dessous. Écrivez 150–200 mots. Utilisez au moins huit mots de la liste suivante.

café

vacances

énervé, -e

visiter

musée

soleil

culture

hôtel

idée

shopping

restaurant

temps

seul, -e

✎ Le coup de foudre

2 Choisissez un des deux personnages sur la photo ci-dessous. Imaginez ses sentiments et écrivez un monologue intérieur d'environ 100 mots.

Vocabulaire utile
Rollstuhl : le fauteuil roulant
eine Behinderung haben : être handicapé, -e

Aider un camarade de classe

3   Dans un forum, vous avez trouvé le message suivant.

Sujet : camarade de classe étranger

Bonjour !

Je m'appelle Laure et je suis désespérée. Dans ma classe, il y a un garçon très sympa. Il s'appelle Mohammed et il est d'origine marocaine. La plupart des élèves de ma classe ne l'acceptent pas parce qu'il est très timide et ne parle pas très bien le français. Je voudrais l'aider, mais je ne sais pas quoi faire et j'ai peur que les autres ne m'aiment plus après. Avez-vous des conseils pour moi ? Merci ! Laure

Laure3000

‹ retour   📄 **répondre**

Vos parents sont d'origine étrangère et vous avez été dans la même situation que Mohammed. Vous répondez à Laure en écrivant un texte d'environ 200 mots dans lequel vous lui donnez au moins **trois** conseils.

 ## Le Chat au téléphone

4   Le Chat est le héros d'une BD de Philippe Geluck. Résumez le contenu de la BD humoristique ci-dessous et dites quel en est le message. Écrivez 200–250 mots.

Philippe Geluck: Le meilleur du Chat, Casterman 1994, p. 22 © CASTERMAN

Vocabulaire
appeler les secours (m./pl.) : *den Rettungsdienst rufen*

Vocabulaire utile
Einzelbild (eines Comics): la vignette
Lenkrad, Steuer: le volant

✎ Être écologiste

5   Dans un réseau social, votre ami Yohann vous a envoyé le message suivant.

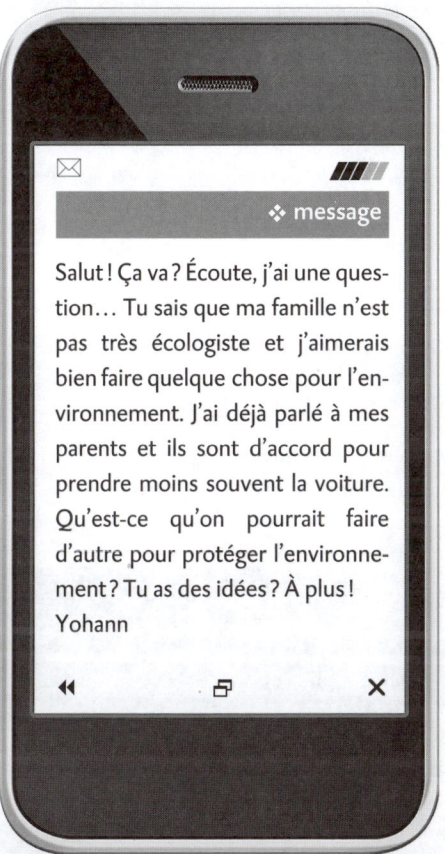

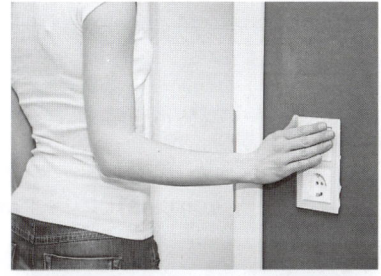

Salut ! Ça va ? Écoute, j'ai une question… Tu sais que ma famille n'est pas très écologiste et j'aimerais bien faire quelque chose pour l'environnement. J'ai déjà parlé à mes parents et ils sont d'accord pour prendre moins souvent la voiture. Qu'est-ce qu'on pourrait faire d'autre pour protéger l'environnement ? Tu as des idées ? À plus !
Yohann

Vous répondez à Yohann en écrivant un texte d'environ 200 mots. Référez-vous entre autres aux photos à droite.

Vocabulaire utile
Plastiktüte: le sac en plastique
Verpackung: l'emballage (m.)
Müll trennen: trier les déchets (m./pl.)
etw. ausschalten: éteindre qc
Wasser laufen lassen: laisser couler de l'eau (f.)
Heizung: le chauffage

Poser sa candidature

6   Après le bac, vous voulez passer quelques temps à l'étranger et vous avez trouvé l'annonce suivante sur Internet. Vous voulez poser votre candidature. Écrivez une lettre de motivation d'environ 250 mots.

> Offre de stage pendant un mois en été comme animateur/animatrice
> dans un hôtel sur la Côte d'Azur
>
> Vous aimez travailler avec les enfants ? Vous savez gérer des groupes d'enfants ?
> Vous faites du sport et vous savez danser ?
> Vous parlez l'allemand (langue maternelle), l'anglais et le français ?
> Alors devenez animateur/animatrice dans notre hôtel !
>
> Vous organiserez des jeux et des soirées pour des enfants de 10 à 13 ans
> et ferez des activités sportives et des randonnées avec eux.
>
> Vous êtes intéressé(e) ? Envoyez votre lettre de motivation à
> **M. Dupont – L'Hôtel Beau Site – 5 rue Mignet – 83990 Saint-Tropez**

La Côte d'Azur

Perspectives d'avenir

7 Décrivez et commentez la caricature ci-dessous. Écrivez 200–250 mots.

BON, C'EST PAS TOUT ÇA, FAUT QUE JE PENSE À MON BAC!

BURP!

PLANTU

© Plantu

Vocabulaire utile
Kinderwagen: le landau
Schleife: la boucle
Fläschchen: le biberon

✏ Les utilisateurs de Facebook

8 Présentez la statistique ci-dessous en environ 250 mots.

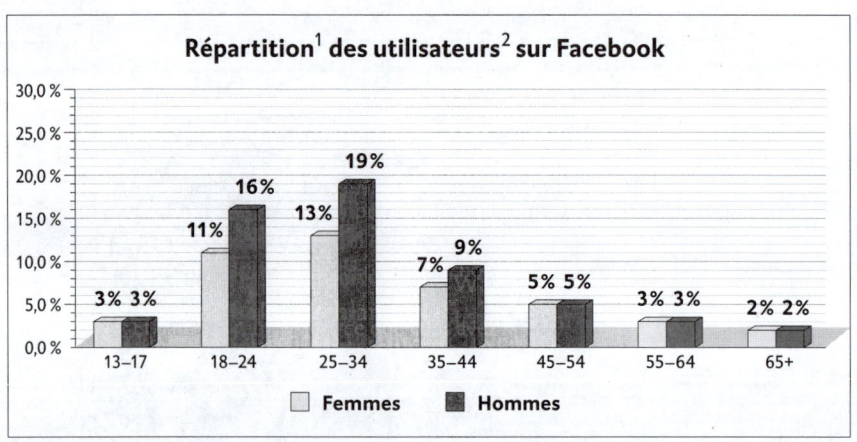

Répartition[1] des utilisateurs[2] sur Facebook

Vocabulaire
1 la répartition : *Verteilung, Aufteilung* ; 2 l'utilisateur : *Benutzer*

Vocabulaire utile
Balkendiagramm: le diagramme à barre
Account: le compte
Prozentsatz: le taux, le pourcentage
Altersschicht: la tranche d'âge
über 65 Jahre alt: au delà des 65 ans
gegen Null gehen: tendre vers zéro

Solidarité entre voisins

9 Résumez le texte ci-dessous en 150–200 mots.

Les voisins se serrent les coudes[1]

1 **Fortunade Daviet-Noual veut développer dans son village le concept parisien de Voisins solidaires.**

La fête des voisins, c'est bien sympa, mais ça ne suffit pas à Fortunade Daviet-Noual. Son idée : développer un lien de solidarité entre les habitants de
5 Rogny-les-Sept-Écluses. Dans ses recherches, la jeune femme de 26 ans est tombée par hasard sur une nouvelle association parisienne, Voisins solidaires. Associée au projet par l'équipe de la capitale, elle s'efforce[2] depuis le début du mois d'adapter le dispositif[3] à son village.

« Certains habitent à deux maisons les uns des autres, et ne se sont jamais
10 vus. C'est tout bête, mais quand on a pris un pot[4] avec quelqu'un, qu'on a rigolé ensemble, qu'on se tutoie[5], les relations se passent bien mieux », assure-t-elle. Alors les voisins apprennent à se connaître, s'échangent des recettes, prennent soin des animaux de compagnie lorsque certains sont en vacances, se rendent de petits services… Un véritable système d'entraide se met en place.
15 Petit à petit. « Ce n'est que le début. J'ai déjà organisé quelques apéros chez moi pour présenter le projet. Tout le monde est ravi[6], et ne demande qu'à participer », s'enthousiasme la Rognycoise de souche, qui précise appeler voisins « tous les habitants de Rogny ».

Déjà quarante voisins solidaires

20 « C'est à nous de réfléchir aux moyens d'améliorer notre quotidien. Il ne faut pas rêver, on ne va pas recréer le monde des Bisounours[7], mais on peut aller plus loin », sourit-elle. Dans quelques jours, Fortunade va partir en vacances : sa voisine va s'occuper de ses poules[8], et pourra profiter de ses œufs. Autre exemple, « pas mal de personnes âgées accueillent leurs petits-enfants qui ne
25 connaissent personne. Maintenant, des gamins aussi vont pouvoir se rencontrer et passer les vacances ensemble ».

Déjà une quarantaine de personnes ont rejoint le mouvement. Sur leur boîte aux lettres, des petits autocollants[9] annoncent même « Voisin solidaire ». « À terme on peut imaginer une plaque[10] à l'entrée de Rogny indiquant ‹ village
30 solidaire ›. Parce que l'idée, c'est d'être de plus en plus nombreux. Tout le monde est le bienvenu », annonce la jeune femme, qui est pour l'instant au centre du projet. « Je suis là si on a besoin de moi, et pour l'instant j'aide à mettre en place. Mais c'est à chacun de développer le concept. »

© *L'Yonne Républicaine*   *Willem VAN DE KRAATS*

Vocabulaire

1 se serrer les coudes (m./pl.) : s'aider ; 2 s'efforcer de faire qc : essayer de faire qc
3 le dispositif : le projet ; 4 prendre un pot : boire quelque chose avec quelqu'un
5 se tutoyer : *sich duzen* ; 6 ravi, -e : très heureux, -se ; 7 les Bisounours (m./pl.) : *Glücksbärchis*
8 la poule : l'animal qui donne les œufs ; 9 l'autocollant (m.) : *Aufkleber* ; 10 la plaque : *Schild*

 # À la campagne ou en ville ?

10 Vivre à la campagne ou dans une grande ville après le baccalauréat ?
Donnez votre avis en environ 250 mots.

Solutions

Compréhension écrite

FranceMobil

1

	Laura Gilles	Eugénie Willaume	Émilie Bertrand	Agnès Lamacz	Claire Cadart
ville d'origine	Marseille	Paris, Amiens	Bordeaux	Rouen	Hazebrouck
informations sur la ville/la région d'origine	– la mer Méditerranée – Olympique de Marseille – le climat doux	– le parc des Buttes Chaumont (Paris) – la cathédrale (Amiens)	– le centre-ville de Bordeaux – la Garonne – les vignes – l'océan Atlantique – les îles, le port de La Rochelle – la belle ville médiévale de Poitiers	– Jeanne d'Arc – Racine – Flaubert – les impressionnistes – la cathédrale – les rues médiévales – l'équipe de hockey sur	– les gaufres – la bière – les mots flamands
formation ou travail en France	études d'histoire et d'allemand	études d'allemand	travail dans un théâtre	travail dans le marketing	études de ∅
séjours/travail en Allemagne (quelle ville?)	assistante de français (Bonn, Berlin)	programme Voltaire, assistante de français (Berlin)	∅ (Tübingen)	assistante de français (Münster)	jeune fille au pair (Nuremberg)

2 a) Les Marseillais adorent leur équipe de football même si elle n'est pas la meilleure.

b) Elle dit qu'il fait presque toujours beau à Marseille.

c) Eugénie se souvient des parties de cache-cache et des pique-niques dans le parc des Buttes Chaumont à Paris.

d) Grâce au programme Voltaire, elle a découvert la culture, la jeunesse et la nourriture allemande.

e) Au théâtre, Émilie a organisé des projets culturels avec l'Allemagne.

f) Elle veut leur présenter par exemple des chansons ou des jeux de théâtres/des jeux de mots/des livres/des idées drôles.

g) Agnès trouve idéal de vivre à Rouen parce que la ville se trouve entre Paris et la mer.

h) Quand elle était assistante de français, elle a fait par exemple un atelier de théâtre et des concours avec ses élèves/a présenté des films/des chansons.

i) Claire a fait une partie de ses études à Strasbourg.

j) Elle a vécu en Angleterre et y a travaillé comme assistante de langue.

Onze mois de tournée en Allemagne

		vrai	faux
3	a) Anaïs parle bien l'allemand.	X	
	b) Des étudiants étrangers ont déjà habité chez Anaïs.	X	
	c) Après le bac, Anaïs a passé une année en Allemagne.		X
	Elle a passé une année en Autriche (l. 18/19).		
	d) Anaïs a aimé l'organisation des habitants du pays d'accueil.	X	
	e) Avec FranceMobil, Anaïs passe un matin avec chaque classe.		X
	Elle passe environ une heure avec chaque classe (l. 42/43).		
	f) Anaïs s'est présentée à Munich pour participer au projet FranceMobil.		X
	Elle s'est présentée à Berlin (l. 48/49).		

g) L'entretien d'embauche était dans sa langue maternelle. ☐ ☒

L'entretien d'embauche était en allemand et en français (l. 49/50).

h) Anaïs va habiter dans une collocation à Munich. ☒ ☐

4 a) Anaïs trouve la bureaucratie difficile par exemple quand on cherche un appartement ou quand on s'inscrit à l'université.

b) Anaïs et ses colocataires travaillent tous et Anaïs n'aime plus faire la fête et se coucher tard.

c) • Elle peut montrer ses origines.
   • Elle peut se faire des amis.

5 Anaïs trouve important de rester en contact avec sa famille. Mais elle pense aussi qu'on ne doit pas avoir trop (souvent) de contact avec ses parents et ses amis. Il faut plutôt sortir et essayer de s'intégrer.

Le programme Voltaire

6 l. 1–17 : Les buts du programme
l. 18–33 : Les conditions
l. 34–40 : Le soutien pour les élèves
l. 41–61 : Les expériences des participants

7 Le programme Voltaire qui est organisé par les instituts français[1] permet aux jeunes qui vont au collège[2] de passer huit[3] mois en Allemagne. Les élèves français qui vont en première[4] et les élèves allemands qui vont en 9ème ou 10ème classe peuvent y participer. Le programme commence par le séjour des Français en Allemagne du mois de mai[5] jusqu'au mois d'août. Puis, les Allemands viennent en France et restent jusqu'en mars[6] de l'année suivante. Les jeunes

[1] l'OFAJ/ le Ministère de l'Éducation nationale/ le Pädagogischer Austauschdienst der Kultusministerkonferenz
[2] lycée
[3] six
[4] seconde
[5] mars
[6] février

habitent chez un correspondant et sa famille, ils sont accompagnés par un professeur[7]. En plus, un élève plus vieux[8] les aide pendant le séjour. Les élèves reçoivent de l'argent pour le voyage et aussi pour payer l'école[9]. Après le séjour, les participants doivent écrire un compte rendu dans leur langue maternelle[10].

[7] deux professeurs
[8] ancien participant
[9] des dépenses pour la culture
[10] dans la langue étrangère (avec un résumé dans la langue maternelle)

8

faire la fête	**devenir autonome**	**connaître la culture**
aider la famille d'accueil	**buts**	ouvrir l'esprit
apprendre la langue	**apprendre à communiquer**	travailler à l'étranger

être très motivé	avoir 16 ans	avoir des parents riches
	conditions	
être curieux	**être prêt à s'intégrer**	avoir de bonnes notes

9

Marie-Anne	• Elle a appris la langue.
	• Elle a connu la culture du pays.
	• Elle a créé des relations avec des gens.
	• Elle s'est amusée.
Agathe	• Elle a élargi son esprit.
	• Elle a approfondi sa réflexion.
	• Elle a créé des relations qu'elle va garder.

10 Comparé à Marie-Anne et Agathe, Thomas a plutôt fait des expériences négatives en Allemagne parce qu'il s'est disputé avec sa famille d'accueil/avec la sœur de son correspondant.

Le général de Gaulle

11

1940	• Charles de Gaulle refuse l'armistice et le gouvernement de Vichy. • Il fuit à Londres. • Le 18 juin, il lance son appel à la radio.
1943	• Charles de Gaulle est pour la création du Conseil national de la Résistance.
1944	• Paris est libérée. • Charles de Gaulle devient chef politique et président du gouvernement provisoire de la République française.
1958	• La guerre d'Algérie commence.
1960	• Charles de Gaulle accorde l'indépendance aux pays d'Afrique.
1962	• Charles de Gaulle accorde l'indépendance à l'Algérie.
1965	• Charles de Gaulle est réélu président.
1969	• Charles de Gaulle démissionne.
1970	• Charles de Gaulle meurt le 9 novembre.

12 a) ☐ a été président français pendant la guerre.

☐ est né en 1959.

☒ est un symbole de la Résistance.

b) ☐ travaillé pour une station de radio.

☐ aidé les Anglais.

☒ dit qu'il fallait continuer à se battre.

c) ☒ a créé la Ve République.

☐ était contre l'indépendance des colonies africaines.

☒ a été élu président de la République plus d'une fois.

13 ☒ Une place parisienne porte son nom.

☒ Sa famille est noble.

☐ Il a participé aux deux guerres mondiales.

☒ Il a été prisonnier en Allemagne.

☐ Il a été le premier président après la libération de Paris.

☐ Il a créé un parti politique.

☐ Les manifestations de 1968 ont eu pour conséquence qu'il démissionne.

☒ Il est mort dans sa maison à cause d'une maladie grave.

☐ Il reste dans le cœur des Français.

☒ Il a joué un rôle important pour l'amitié franco-allemande.

14 Avec cette phrase, l'auteur veut dire que Charles Gaulle était un homme politique très important qui a beaucoup marqué l'Histoire française du 20ème siècle.

Le Parlement européen

15   **☐** Le travail des députés européens

     ☒ Trouver des informations sur le Parlement européen

     ☐ L'Union européenne sur Internet

	vrai	faux	pas dans le texte
16 a) Le site Internet du Parlement européen (PE) n'existe qu'en français, en anglais et en allemand.	☐	☒	☐
Le site Internet du PE existe dans toutes les langues de l'Union européenne (l. 10).			
b) Sur le site du PE, on peut s'informer sur les lois de l'Union européenne.	☐	☐	☒
c) Sur le site du PE, on trouve des documents actuels et anciens.	☒	☐	☐
d) La web-télévision du PE propose un canal pour les citoyens européens.	☐	☒	☐
La web-télévision du PE propose quatre canaux pour des personnes différentes en Europe (l. 24–26).			
e) On peut visiter le PE seul ou en groupe.	☒	☐	☐

f) Il y a des journées « portes ouvertes » au PE chaque année en juin. ☐ ☒ ☐

Les journées « portes ouvertes » ont lieu chaque année en mai (l. 37–39).

g) Il y a un centre de visiteurs à Strasbourg. ☐ ☐ ☒

h) Dans chaque capitale européenne, il y a un bureau d'information. ☒ ☐ ☐

17 a)

campagnes	pétitions	visites guidées
conférences	excursions	**forums**

b)

CV	nationalité	**e-mail**
nom	**numéro de téléphone**	**fonction**
parti politique	site Internet personnel	nombre d'enfants

18
- On peut visiter le Parlement et y rencontrer le député (l. 30–33).
- On peut aller aux forums ou aux rencontres organisés par les bureaux d'information (l. 55–60).
- On peut le contacter à l'aide des informations se trouvant sur le site Internet du Parlement européen (l. 67–71).

Sida : l'espoir pour les enfants

19 Dans l'interview, Carla Bruni-Sarkozy parle de **son travail dans la lutte contre le sida.**

20 a) « Car grâce à ma fonction qui attire l'attention des médias, j'ai plus de chance qu'eux de pouvoir me faire entendre. » (l. 14–16)

b) « Je suis allée l'année dernière au Burkina Faso, [...]. J'ai rencontré beaucoup d'enfants malades. » (l. 19–21)

c) « C'est triste car il est aujourd'hui tout à fait possible d'éviter qu'une maman séropositive ne transmette à son bébé le VIH à la naissance. » (l. 21–23)

d) « Le 1er décembre, j'accueille, en tant qu'ambassadrice, des personnalités qui font des travaux fantastiques dans la lutte contre le sida. » (l. 26/27)

e) « Il trouve que c'est très bien. Je crois qu'il est fier de moi. » (l. 43/44)

21 Carla Bruni-Sarkozy **voyage** dans des **pays** touchés par le sida et y **aide** les gens. En plus, elle reçoit des gens qui parlent des **médicaments** pour les **mères** et les **enfants**. Ce qu'elle aime spécialement dans son travail, c'est le **regard** et les **espoirs** des enfants malades et les sourires qu'elle échange avec les **médecins** et les personnes **séropositives**. Elle trouve qu'il est surtout important de ne pas avoir **peur** et d'**accepter** les enfants malades comme ils sont.

22 Carla Bruni-Sarkozy est très émue et touchée par les enfants malades. En même temps, elle garde beaucoup de bons souvenirs de son travail.

Jacques Cartier

23

Jacques Cartier

Année de naissance : **1491**
Année de sa mort : **1557**
Lieu de naissance : **Saint-Malo**
Hobbies : • **la mer/la pêche**
           • **la navigation**
Langues : • **le français**
           • **le portugais**
Date de mariage : **1520**
Nom de sa femme : **Catherine des Granches**

24 Jacques Cartier a de la chance de rencontrer le roi François Ier grâce à son mariage. Le roi lui fait confiance, mais il est déçu car Jacques Cartier n'apporte ni or ni pierres précieuses.

25

	Première expédition	Deuxième expédition	Troisième expédition
En quelle année est-ce que l'expédition a eu lieu ?	1534	1535	1542
Qui a donné l'ordre de l'expédition ?	roi François Ier	(roi François Ier)	Jean-François de Roberval
Quels étaient les buts de l'expédition ?	• trouver un chemin pour aller en Chine • apporter de l'or	Ø	coloniser la Nouvelle-France
Avec combien de bateaux/d'hommes est-ce que Jacques Cartier est parti ?	2 bateaux/ 60 hommes	3 bateaux/ 110 hommes	Ø
Quel était le résultat de l'expédition ?	Jacques Cartier ne trouve pas l'entrée du fleuve Saint-Laurent, mais il crée des contacts avec les Indiens et en amène deux en France.	Jacques Cartier remonte le fleuve Saint-Laurent et amène de nouveaux Indiens en France, mais pas d'or et pas de pierres précieuses.	Jacques Cartier ne colonise pas la Nouvelle-France (l'expédition est un échec).

Ducobu

26 a) ☐ un roman.

☐ une histoire vraie.

☒ une BD.

b) ☐ une école primaire.

☒ un collège.

☐ un lycée.

c) ☒ été.

☐ automne.

☐ hiver.

27

Vincent Claude ?	**très bon élève**
Juliette Chapey ?	**plutôt bonne élève**
Élie Semoun ?	**élève assez moyen**

28

	Vincent Claude	Juliette Chapey	Élie Semoun
a) a une mère qui est actrice ?	☒	☐	☐
b) a/avait une très bonne copine à l'école ?	☐	☒	☐
c) a tourné trois films avant Ducobu ?	☒	☐	☐
d) aime/aimait aller à l'école ?	☐	☒	☒
e) aime le contact avec les autres ?	☐	☐	☒

29 a) Vincent trouve le métier d'acteur trop incertain parce qu'on n'a pas toujours de travail.

b) Vincent voudrait devenir tailleur.

c) Juliette s'est sentie comme dans la vraie vie parce que le film a été tourné dans une école.

30 Les acteurs adultes veulent toujours être parfaits et contrôlent tout. Par contre, les jeunes acteurs ne réfléchissent pas beaucoup, mais ils jouent, tout simplement.

Faire un stage au Parlement européen

31 a) ☐ Strasbourg.
☒ Paris.
☐ Bruxelles.

b) ☐ Chéhérazade
☐ Clément et Victor
☒ personne

c) ☐ tristes.
☒ fatigués.
☐ énervés.

d) ☒ faire une demande sur le site Internet du Parlement européen.
☐ écrire un e-mail au Parlement européen.
☐ appeler le Parlement européen.

	vrai	faux
32 a) Les trois jeunes ont fait les études de sciences politiques.	☐	☒

Ils ont fait des études différentes (communication politique et publique, sciences politiques, droit et économie) (l. 4/5).

	vrai	faux
b) Les trois jeunes ont une bonne impression de la session.	☒	☐
c) L'ambiance à la session est calme.	☐	☒

L'ambiance à la session est stressante (l. 12–16).

	vrai	faux
d) Les trois jeunes ont envie de retourner au Parlement européen.	☒	☐

33

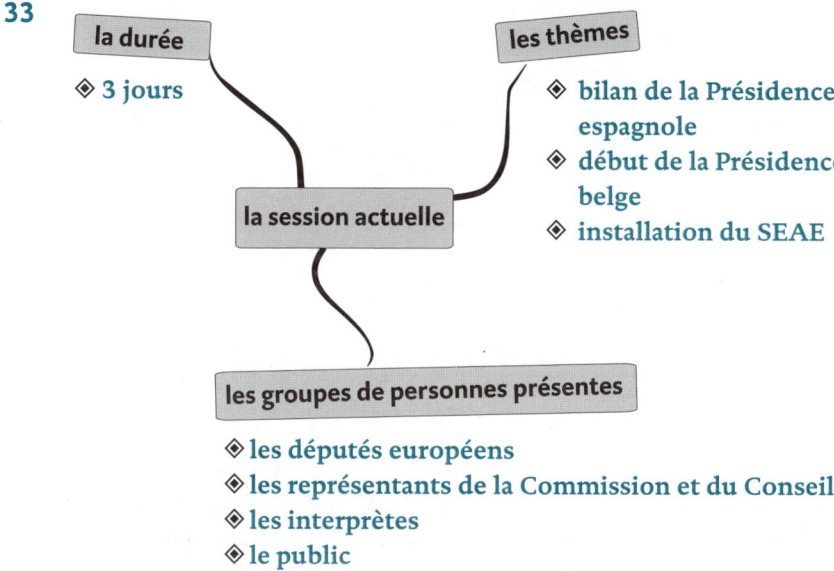

- **la durée**
  - ◈ 3 jours

- **les thèmes**
  - ◈ bilan de la Présidence espagnole
  - ◈ début de la Présidence belge
  - ◈ installation du SEAE

- **la session actuelle**

- **les groupes de personnes présentes**
  - ◈ les députés européens
  - ◈ les représentants de la Commission et du Conseil
  - ◈ les interprètes
  - ◈ le public

Le Petit Nicolas

34

a)
- [X] un journal.
- [ ] un magazine.
- [ ] une émission de télé.

b)
- [ ] on peut regarder le Petit Nicolas à la télé.
- [ ] on publie plusieurs fois par semaine une histoire du Petit Nicolas.
- [X] 200 histoires du Petit Nicolas paraissent.

c)
- [ ] 1959.
- [X] 1960.
- [ ] 1965.

d)
- [ ] environ 500
- [ ] environ 200
- [X] environ 100

35 a) Le dessinateur du Petit Nicolas s'appelle René Goscinny.

vrai ☐ faux ☒

Le dessinateur s'appelle (Jean-Jacques) Sempé (l. 7).

b) Le langage des textes du Petit Nicolas est simple.

☒ ☐

c) Les créateurs du Petit Nicolas sont connus depuis une émission de télévision.

☒ ☐

d) Les histoires inédites du Petit Nicolas sont publiées par la femme de Goscinny.

☐ ☒

Les histoires inédites du Petit Nicolas sont publiées par la fille de Goscinny/Anne Goscinny (l. 21–23).

36 a) Les histoires du Petit Nicolas parlent de la vie du Petit Nicolas et de ses amis.

b) Le courrier des lecteurs était très positif, alors le journal a voulu qu'ils continuent à publier des histoires du Petit Nicolas.

c) Grâce au Petit Nicolas beaucoup d'enfants aiment lire.

37 a) Il a beaucoup d'amis (l. 2/3).
Ses amis ont des noms bizarres (l. 2/3).
Le Petit Nicolas n'est pas très bon en mathématiques (l. 24).

b) Le Petit Nicolas fait partie des classiques de la littérature française (l. 26/27).

Compréhension orale

Achats sur Internet

Transcription du document audio

J'aime bien acheter sur Internet certaines choses, pas tout, loin de là, mais en particulier les livres, des CD, des DVD. J'utilise essentiellement le site d'Amazon que je trouve pratique et bien fait. L'avantage d'Amazon en plus, c'est qu'ils livrent rapidement et dans des colis… dans des relais. C'est-à-dire un magasin, là qui est à cinq minutes de chez moi, en 48 heures le colis est arrivé au magasin, et comme ça, c'est très bien, même si on n'est pas à la maison, et que le facteur ne peut pas déposer le colis, on n'a pas besoin d'aller courir à la poste etc. etc. Donc ça, c'est très bien, moi, j'aime bien acheter souvent des livres, je repère au fur et à mesure et puis à un moment, je me pose devant l'ordinateur, je fais ma petite commande et donc voilà. Je ne suis pas très fan pour payer sur Internet, l'avantage d'Amazon c'est qu'on peut payer avec des cartes bleues virtuelles, donc avoir un numéro spécial pour un achat. Donc comme ça, je ne donne pas mon vrai numéro de carte bleue. Après, j'achète parfois des billets de train, parce qu'il y a des prix qui sont quand même plus intéressants que si on va au guichet de la gare. J'achète quoi d'autre ? Les vêtements, non, parce que je veux vraiment essayer avant d'acheter. Les chaussures aussi, je trouve ça trop risqué. Ou alors éventuellement j'achète des vêtements pour les enfants, ça parfois. Et puis, c'est à peu près tout. Si, il m'est déjà arrivé de faire des courses… Des courses basiques, nourriture de tous les jours, enfin des courses de supermarché sur Internet. Ça, c'est quand même très pratique, et puis ils livrent à domicile. Et voilà, je pense que c'est à peu près tout.

http://www.audio-lingua.eu/spip.php?article2692

1
- des livres/CD/DVD
- des billets de train
- des vêtements pour les enfants

2
- [X] La livraison est rapide.
- [ ] Sur Amazon, on trouve presque tout.
- [X] On peut aller chercher le colis dans un relais.
- [ ] On peut rendre les choses qu'on n'aime pas.
- [ ] On peut payer par chèque.
- [X] Amazon accepte les cartes bleues virtuelles.

3   Le billet coûte moins cher.

4   • des vêtements
       • des chaussures
       Raison : On ne peut pas les essayer./Elle trouve cela trop dangereux.

5   Les courses sont livrées à la maison.

Job d'été dans une assurance

Transcription du document audio

Mon job d'été préféré lorsque j'étais étudiante a été de travailler au sein d'une grande société d'assurances française. Ma mission consistait à récupérer les constats que les clients nous envoyaient. Donc les constats, c'est le papier que les gens remplissent lorsqu'ils ont par exemple un accident de voiture. Sur ce papier est noté les circonstances de l'accident, c'est-à-dire où est-ce que ça s'est passé, comment, qui est en tort ou pas. Et il s'agit ensuite de bien lire ce document pour déterminer qui est responsable, quelle est l'assurance qui va régler les dommages, les réparations de la voiture. Donc ça, j'ai fait ça pendant deux mois, en juillet et en août pendant les grandes vacances, la première année où j'ai travaillé dans cette société.

La deuxième année, je suis revenue travailler dans cette même société, mais à un poste différent cette fois-ci. Je travaillais au service étranger. C'est-à-dire que je m'occupais, toujours au niveau des assurances, de la liaison avec les États-Unis et l'Angleterre. Cela m'a permis bien sûr de travailler mon anglais, mais également de connaître un secteur que je ne connaissais pas auparavant. C'est un métier qui était plutôt bien payé, puisque j'avais un peu plus de 18 ans et je devais gagner à peu près le SMIC, c'est-à-dire le minimum horaire en France. Et j'ai dû gagner quelque chose comme 1 000 euros pour le mois avec en plus des congés payés. Donc j'étais très contente de ce petit job d'été.

http://www.audio-lingua.eu/spip.php?article2499

6   Un constat, c'est le document que les gens doivent remplir quand ils ont un accident de voiture par exemple. On peut lire sur ce document où et quand l'accident s'est passé et qui en est responsable.

	vrai	faux
7 a) Élisa a travaillé à l'assurance en août et en septembre.	☐	☒
b) Élisa est retournée travailler pour la même entreprise deux ans plus tard.	☐	☒
c) Élisa a été en contact avec des Anglais et des Américains.	☒	☐
d) Grâce à ce travail, Élisa a amélioré son anglais.	☒	☐
e) Quand Élisa a travaillé pour cette entreprise, elle avait 18 ans.	☒	☐
f) Élisa a gagné 2 000 euros par mois.	☐	☒
g) Élisa a aimé le job.	☒	☐

Noël en famille

Transcription du document audio

Alors, chaque Noël, on passe les fêtes de fin d'année en famille et moi, j'aime bien passer Noël dans ma famille, forcément, on va aussi dans ma belle-famille, mais forcément, je préfère le passer dans ma famille à moi avec mes parents, avec ma sœur, son mari, son fils et donc mon mari et mes deux enfants. Et puis, on se retrouve dans une maison de famille avec aussi mon oncle et ma tante et mes cousins et leurs enfants. Voilà, donc ça fait une grande réunion de famille, c'est très agréable.

En général, c'est ma mère qui se fait un plaisir de cuisiner pour tout le monde. Donc évidemment, on prend l'apéritif en ouvrant quelques bouteilles de champagne et après, il y a l'éternel foie gras évidemment. En général, c'est elle qui le fait depuis quelques années ; elle a pris un cours de cuisine. Et il y a souvent des huîtres, même si moi, je n'aime pas ça, mais il y a toujours des huîtres à manger, avec sans doute un peu de saumon fumé en général, ou alors des langoustines ou des choses comme ça. Et puis après, il y a un plat principal. Ce n'est pas forcément toujours la même chose. Du fromage évidemment, et puis en dessert, ce n'est pas forcément toujours la même chose, c'est souvent quelque chose fait maison quand même, avec probablement du chocolat parce que moi j'adore le chocolat. Et voilà, et en fait, en général on passe beaucoup de temps à table, mais c'est très agréable et on passe un bon moment tous ensemble.

Combien de temps à table ?

Alors, disons que mon oncle et ma tante et mes cousins arrivent vers 19 h 30, on va dire… Et alors ça dépend, soit le repas a lieu avant Noël, donc on n'ouvre pas les cadeaux parce que maintenant qu'on a les enfants en bas âge, le père Noël n'est officiellement pas encore passé. Soit le repas a lieu – et c'est souvent comme ça que ça se passe – après Noël, on se rassemble après et forcément le père Noël est passé, donc au moment de l'apéritif, il y a toute une phase où on ouvre les cadeaux, il y en a beaucoup trop comme d'habitude. Mais c'est toujours un moment très, très agréable. Donc en général, ils arrivent vers 19 h 30 et on est à table facilement jusqu'à minuit. Voilà, ça s'éternise toujours un peu.

http://www.audio-lingua.eu/spip.php?article1989

8		Correction:
a)	Le repas de Noël a lieu ~~chez Léa, la femme qui parle~~.	**dans une maison de famille**
b)	~~Le père~~ de Léa fait la cuisine à Noël.	**La mère**
c)	L'oncle, la tante et les cousins arrivent vers ~~18 heures~~.	**19 h 30**
d)	Ils ouvrent les cadeaux quand ~~le Saint-Nicolas~~ est passé.	**le père Noël**
e)	Ils restent à table jusqu'à ~~22 heures~~ environ.	**minuit**

9 « Alors, chaque Noël, on passe les **fêtes** de fin d'année en famille et moi, j'aime bien passer Noël dans ma famille, forcément, on va aussi dans ma belle-famille, mais forcément, je **préfère** le passer dans ma famille à moi avec **mes parents**, avec ma sœur, son mari, son fils et donc mon mari et mes **deux enfants**. »

10 (Elle a fait) un cours de cuisine.

11

Apéritif

- [ ] kir royal
- [ ] jus de fruit
- [X] champagne

Entrée

- [ ] salade
- [X] fruits de mer
- [ ] fromage

Plat principal

- [ ] viande
- [ ] poisson
- [X] surprise

Dessert

- [X] mousse en chocolat
- [ ] gâteau
- [ ] glace

Jeunes en entreprises

Transcription du document audio

Tout de suite on regarde ce qui se passe dans le journal, le quotidien « La Croix », à la page d'« Une idée pour agir ». Et bien ce matin, cette idée naît à l'Office franco-allemand de la Jeunesse à Paris qui dit qu'apprendre l'allemand, pour un jeune Français, ça sert de passe-port pour l'emploi. C'est facile, c'est simple, c'est net. Pour faire connaître les entreprises allemandes implantées en France, l'Office franco-allemand de la Jeunesse, l'OFAJ, organise depuis le 16 janvier jusqu'au 27, des visites pour les élèves français de 10 à 16 ans. En parallèle, des jeunes Allemands visitent des entreprises françaises outre-Rhin.

Plus de 8 000 élèves sont déjà inscrits pour ces journées de découverte qui ont lieu tous les ans depuis 2006. Parmi les sites qui ouvrent leurs portes se trouvent le siège de la chaîne ARTE à Strasbourg, l'usine EADS aux Mureaux. Les élèves visitent aussi le siège français de Porsche à Boulogne, l'usine BASF de Saint-Aubin-lès-Elbeuf, ou Bosch à Saint-Ouen, et d'autres… Côté allemand, les jeunes pourront découvrir la filiale berlinoise de Décathlon, ou le fabricant de porcelaine Villeroy et Boch… J'en dis des marques ce matin, c'est incroyable. Lors de ces visites, donc, les élèves vont découvrir l'activité de ces entreprises, les métiers, les compétences, voire peut-être des perspectives de stage. En quatre ans, le nombre de participants à ces journées a triplé. En fait, le projet de l'Office franco-allemand de la Jeunesse, c'est de motiver les jeunes à apprendre la langue du pays partenaire – français, allemand… Vous savez que l'OFAJ, c'est un organisme au service de la coopération franco-allemande qui a été créé par le traité de l'Élysée, signé par Charles de Gaulle et Adenauer en 63, voilà. L'initiative vise aussi à encourager la mobilité professionnelle et montrer l'avantage de la maîtrise de l'autre langue dans le parcours professionnel. Si vous êtes volontaire, une école par exemple, vous vous inscrivez auprès de l'OFAJ qui vous mettra en relation avec des entreprises. En 2011, 133 écoles y ont pris part, et devinez qui y était majoritairement représenté – l'Allemagne. Contact : Office franco-allemand de la Jeunesse. Vous trouverez ça dans le quotidien *La Croix* ou sur le site de l'émission, *Un jour tout neuf*.

http://www.franceinter.fr/emission-une-idee-pour-agir-des-jeunes-en-entreprise-de-chaque-cote-du-rhin

12 a) ☐ dans un magazine.
    ☒ dans un journal.
    ☐ dans une émission de télé.

b) ☒ 10 à 16 ans.   ☐ 12 à 16 ans.   ☐ 14 à 16 ans.

c)

☒ ARTE	ou	☐ ARD	?	
☐ DASA	ou	☒ EADS	?	
☒ Porsche	ou	☐ BMW	?	
☐ 3M	ou	☒ BASF	?	
☐ Siemens	ou	☒ Bosch	?	
☐ Adidas	ou	☒ Décathlon	?	
☒ Villeroy et Boch	ou	☐ Rosenthal	?	

13 • découvrir l'activité d'une entreprise/connaître des métiers différents
   • motiver les élèves à apprendre la langue de l'autre pays
   • montrer l'avantage de parler l'autre langue dans la vie professionnelle

14 a) ☐ 113 écoles ont participé.
      ☐ 130 écoles ont participé.
      ☒ 133 écoles ont participé.

   b) ☐ des Français.
      ☒ des Allemands.

Le petit job

Transcription du document audio

Lorsque j'étais étudiante, j'ai eu l'occasion de faire plein de petits jobs d'été. Ce sont ces petites activités qu'on fait pendant les vacances de manière à gagner un petit peu d'argent lorsque l'on est étudiant. L'un d'entre eux consistait à être… à travailler dans un restaurant et à faire la plonge, c'est-à-dire en fait, faire la vaisselle dans ce restaurant. Donc cela consistait à récupérer la vaisselle qui avait été utilisée par les clients pendant le service, du midi ou du soir, et à la laver ou à la mettre dans le lave-vaisselle, ressortir du lave-vaisselle. Cela exigeait bien sûr d'être prudent, d'être rapide et surtout de ne pas être maladroit de manière à ne rien casser.

Une deuxième partie de ce petit boulot d'été était également de préparer les cocktails pour les clients, donc il fallait bien sûr bien connaître la carte et connaître le nom des alcools, le nom des jus, voilà et pouvoir préparer cela de manière rapide pour que les clients soient servis rapidement.

Alors c'est un métier qui m'a… voilà qui m'a plu… ceci dit, c'est quand même très difficile et les horaires sont extensibles, c'est-à-dire qu'on travaille… on commence très tôt et on finit très tard. Cela n'était pas très, très bien payé car j'étais jeune, mais cela m'a fait une expérience professionnelle.

---

http://www.audio-lingua.eu/spip.php?article2498

15 a) ☐ avant ses études.
      ☒ pendant ses études.
      ☐ après ses études.

b) ☒ gagner de l'argent.

☐ être indépendant de ses parents.

☐ connaître d'autres jeunes.

16

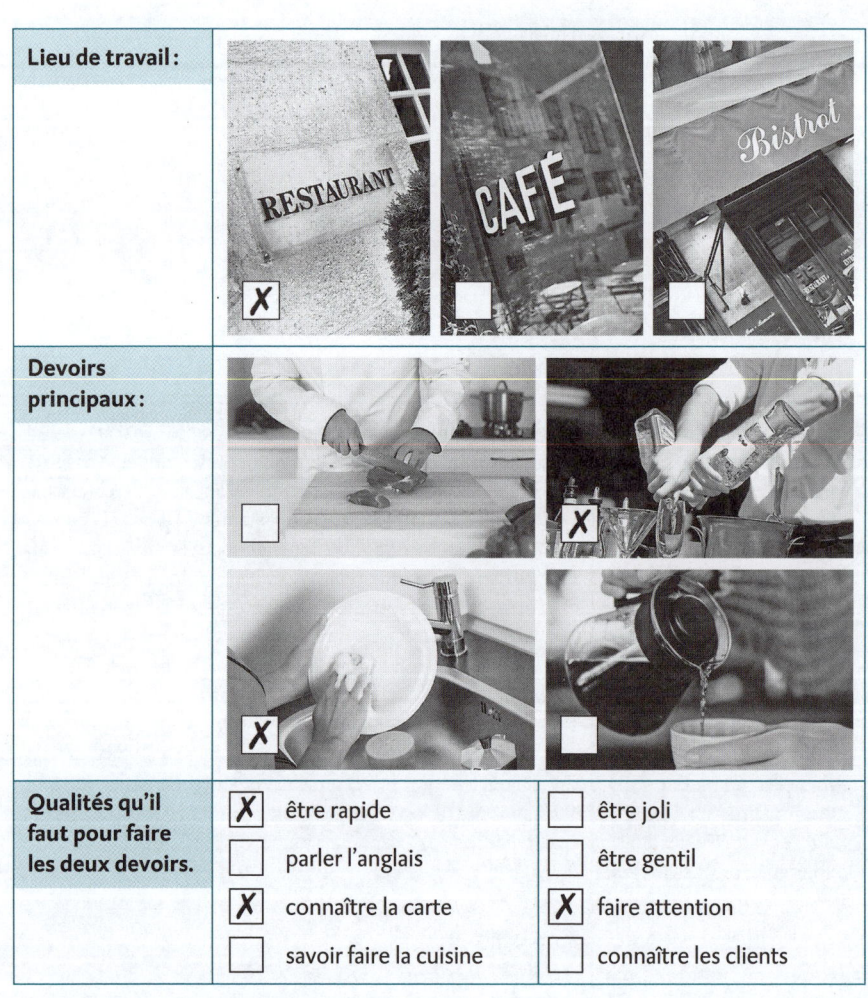

Lieu de travail :	RESTAURANT ☒	CAFÉ ☐	Bistrot ☐	
Devoirs principaux :	☐	☒		
	☒	☐		
Qualités qu'il faut pour faire les deux devoirs.	☒ être rapide		☐ être joli	
	☐ parler l'anglais		☐ être gentil	
	☒ connaître la carte		☒ faire attention	
	☐ savoir faire la cuisine		☐ connaître les clients	

17 a) ☒ a aimé le job dont elle parle.

☐ veut refaire le job dont elle parle.

☐ n'a pas aimé le job dont elle parle.

b) [X] de l'âge qu'on a.

    [ ] du nombre d'heures qu'on fait.

    [ ] de l'expérience professionnelle qu'on a déjà.

c) [ ] le job était bien payé.

    [ ] elle a connu beaucoup de clients.

    [X] elle a fait des expériences professionnelles.

18 • C'est un métier difficile.
- Les journées sont longues.
- Le job n'est pas bien payé.

La Normandie

Transcription du document audio

Voici quelques informations sur ma région, la Normandie : la Normandie est un territoire qui s'étend au nord-ouest de la France. Elle est composée de deux régions administratives – la Haute et la Basse-Normandie[1] – ainsi que les îles anglo-normandes Jersey et Guernesey qui appartiennent à l'Angleterre. Les régions Haute et Basse-Normandie sont découpées en cinq départements dans lesquels vivent les 3,5 millions habitants de la région. Les deux grandes capitales administratives et économiques sont Rouen au nord avec environ 112 000 habitants et Caen au sud avec environ 109 000 habitants. Les touristes viennent également en Normandie pour visiter le Mont Saint-Michel situé dans le département de la Manche et son abbaye. Fameuse question : le Mont Saint-Michel, est-il breton ou normand ? Officiellement, il est normand, même si les Bretons n'en sont pas contents. En outre, il vaut la peine de visiter la ville d'Honfleur, une petite commune portuaire d'environ 9 000 habitants. Elle est surtout connue pour son vieux port pittoresque qui a inspiré beaucoup de peintres impressionnistes comme par exemple Claude Monet.

L'histoire de la Normandie est liée à beaucoup d'événements historiques et de personnages connus comme les Vikings, Guillaume le Conquérant, Jeanne d'Arc… Mais l'événement historique le plus important est sans aucun doute le débarquement des alliés le 6 juin 1944 qui a entraîné la fin de la Deuxième Guerre mondiale : environ 150 000 soldats de nationalités différentes ont débarqué sur les plages du Calvados et de la Manche et gagné contre les troupes allemandes.

D'un point de vue géographique, la Normandie est une terre plutôt plane avec une superficie de 29 906 km^2 (sans les îles anglo-normandes) – son point le plus haut est à seulement 413 mètres. Cependant, c'est une terre très vallonnée et les reliefs du bord de mer, les falaises d'Étretat par exemple, sont classés sites nationaux.

Le climat de la Normandie est un climat océanique. Les hivers normands sont assez frais, c'est-à-dire qu'il fait entre 3 °C et 4 °C en janvier. Les étés sont frais aussi et humides en général. Au mois de juillet, les températures n'atteignent souvent que 16 °C ou 17 °C. Avec environ 120 jours de pluie par an, il pleut assez souvent, mais moins souvent qu'en Bretagne quand même. L'ensoleillement par an est d'environ 1 500 heures en Normandie – comparé à Marseille avec ses 2 900 heures d'ensoleillement annuel, ce n'est que la moitié environ.

En ce qui concerne la culture, la Normandie possède de nombreuses spécialités dont les plus connues sont les trois boissons alcoolisées le cidre, le calvados et le poiré, ensuite le camembert, le beurre et les caramels, la confiture de lait et bien sûr les sablés, des biscuits composés de beurre, de farine et de sucre. Chaque territoire de la région a ses propres spécialités suivant qu'il se situe au bord de la Manche ou plus à l'intérieur de la région – tout comme son propre dialecte. La langue normande en général est classée par l'UNESCO comme étant sérieusement en danger.

1 *Im Zuge einer Neugestaltung der Regionen sind Haute und Basse Normandie 2016 zur Region Normandie zusammengefasst worden.*

19

a)
- [ ] la Normandie.
- [ ] la Bretagne.
- [X] l'Angleterre.

b)
- [ ] 9 000 habitants.
- [ ] 109 000 habitants.
- [X] 112 000 habitants.

c)
- [X] la Normandie.
- [ ] la Bretagne.
- [ ] l'Angleterre.

d)
- [X] son port.
- [ ] ses peintres.
- [ ] ses marchés.

e)
- [ ] 2 990 km².
- [ ] 26 609 km².
- [X] 29 906 km².

f)
- [ ] 43 mètres.
- [X] 413 mètres.
- [ ] 431 mètres.

g)
- [X] crêpes.
- [ ] cidre.
- [ ] camembert.

h)
- [ ] a disparu.
- [X] est en danger.
- [ ] est encore enseignée dans les écoles.

20
> L'événement historique le plus important pour la Normandie est le débarquement des Alliés qui a eu lieu le **6 juin 1944**. Ce jour-là, **150 000** soldats de nationalités différentes sont venus sur les **plages** de Normandie et ont gagné contre les **Allemands**.

21

Le climat normand	
Températures en janvier :	entre **3** et **4** °C
Températures en juillet :	entre **16** et **17** °C
Jours de pluie :	**120** jours
Heures d'ensoleillement :	**1 500** heures

22
- du beurre
- de la farine
- du sucre

Échange individuel

Transcription du document audio

ANIMATRICE : Bonjour et bienvenue à l'émission *Voyages en Europe*. Comme tous les samedis, nous discutons avec de jeunes Français des expériences qu'ils ont faites à l'étranger. Aujourd'hui, Clémence est venue nous voir. Vous êtes partie en Allemagne, Clémence, c'est ça ?

CLÉMENCE : Bonjour ! Oui, effectivement, je viens de passer trois semaines dans une famille allemande.

ANIMATRICE : Comment se fait-il que vous soyez partie pendant les vacances scolaires ?

CLÉMENCE : C'est une longue histoire… À l'origine, je voulais faire un programme Sauzay et partir trois mois. Mais comme mes notes n'étaient pas suffisamment bonnes, mes professeurs ont décidé de ne pas me laisser partir au cours de l'année scolaire. En plus, ma mère avait des problèmes de santé. Je suis la fille aînée, je devais donc aider mon père à s'occuper de mes deux frères.

ANIMATRICE : Je comprends. Alors, vous avez cherché une autre possibilité de partir. Qu'est-ce que vous avez fait exactement ?

CLÉMENCE : En fait, mon professeur d'allemand m'avait parlé de petites annonces sur le site de l'OFAJ. En consultant le site, j'ai vu des personnes chercher des correspondants pour des échanges individuels ou essayer de trouver des postes en tant que stagiaire ou jeune fille au pair. Du coup, je me suis dit pourquoi pas chercher une corres pour un échange pendant les vacances. Quelques jours plus tard, une jeune Allemande m'a contactée. Pour elle, c'était pareil : à cause de ses difficultés scolaires, elle ne pouvait partir que pendant les vacances.

ANIMATRICE : Comment est-ce que vous avez organisé votre échange ?

CLÉMENCE : Ben, comme les vacances d'été ne durent que six semaines en Bavière où Kathrin habite, nous nous sommes mises d'accord pour passer trois semaines en France chez moi et trois semaines à Nuremberg chez elle. D'abord, Kathrin est venue me voir à Montpellier. Le plus difficile, c'était d'organiser les journées puisqu'on n'avait pas cours. Mon père nous a proposé de travailler le matin à la maison et de faire des activités dans l'après-midi. Après quelques difficultés au début – j'étais vraiment nulle en allemand et Kathrin avait aussi des problèmes pour s'exprimer en français – nous avons vite appris à nous comprendre. Pour commencer, nous parlions beaucoup de nous, de notre vie, de nos familles et de nos activités et de nos vacances. Mais avec le temps, nous étions capables de parler de choses plus complexes comme des livres, des films, etc.

ANIMATRICE : Et dans l'aprèm, qu'est-ce que vous avez fait ?

CLÉMENCE : Kathrin avait précisé dans son annonce qu'elle était très sportive. Génial ! Alors, nous avons fait de la natation et du vélo ensemble. Elle m'a même accompagnée à mon cours de guitare et à mon atelier de théâtre. Elle ne connaissait pas du tout et elle a adoré ! En plus, nous sommes allées au cinéma une fois par semaine.

ANIMATRICE : Une fois arrivées en Allemagne, vous ne vous ennuyiez pas ?

CLÉMENCE : Mais pas du tout ! Ça m'a fait plaisir d'introduire Kathrin dans notre culture, mais de l'autre côté, j'étais super curieuse de découvrir l'Allemagne, de faire des sorties culturelles et d'apprendre la langue. Pour moi, les Allemands mangeaient seulement des saucisses et buvaient de la bière, mais quand j'ai vécu chez Kathrin, j'ai vu que ce n'était pas du tout ça ! Sa mère est très branchée bio, elle prépare des plats équilibrés et son père préfère même le vin rouge à la bière ! Et puis, la famille de Kathrin est très sportive en général.

ANIMATRICE : Alors, en fin de compte, le séjour était un succès ?

CLÉMENCE : Tout à fait. Comme on parlait allemand en Allemagne, j'ai même commencé à penser en allemand. Maintenant, j'ai hâte de savoir si mes notes vont s'améliorer. Et c'est sûr que je vais vite y retourner. Pour Kathrin, c'est pareil. Elle va me rendre visite pendant les vacances de Noël, elle a déjà reservé son billet d'avion.

ANIMATRICE : Je suis contente pour vous. Merci, Clémence, et bonne continuation !

CLÉMENCE : Merci, au revoir !

23
a) ☐ le vendredi. ☒ le samedi. ☐ le dimanche.
b) ☐ six mois. ☐ trois mois. ☒ trois semaines.
c) ☒ deux frères. ☐ deux sœurs. ☐ un frère et une sœur.

d) ☒ fait une annonce.

☐ répondu à une annonce.

☐ demandé à son professeur de faire une annonce pour elle.

e) ☐ des livres.

☒ de leurs familles.

☐ de l'école.

f) ☐ avait peur de l'Allemagne.

☒ voulait en savoir plus sur l'Allemagne.

☐ avait envie de manger des saucisses.

g) ☒ ☐ ☐

h) ☐ Noël en train.

☒ Noël en avion.

☐ Pâques en avion.

24 • Ses notes n'étaient pas assez bonnes.
• Sa mère était malade.

25 CLÉMENCE : « En fait, mon professeur d'allemand m'avait parlé de petites **annonces** sur le site de l'OFAJ. En consultant le site, j'ai vu des personnes chercher des **correspondants** pour des échanges individuels ou essayer de trouver des **postes** en tant que stagiaire ou jeune fille au pair. »

26

Clémence   Kathrin

27
- du vélo/de la natation
- cours de guitare
- atelier de théâtre
- cinéma

La Réunion

Transcription du document audio

DOMINIQUE : Salut, Philippe, ça va ? Ma voisine m'a dit que tu étais parti à la Réunion ?

PHILIPPE : Salut, Dominique ! Tu as raison, je viens de rentrer il y a une semaine.

DOMINIQUE : C'est génial ! Ça fait des années que je rêve d'aller sur cette île. Combien de temps est-ce que tu y as passé ?

PHILIPPE : Trois semaines. Le vol est de onze heures, alors il faut bien rester un peu plus longtemps.

DOMINIQUE : Et tu as habité où ?

PHILIPPE : En fait, j'ai fait un circuit. J'ai commencé par la capitale de l'île, Saint-Denis. J'y ai habité dans un petit hôtel simple et bon marché pendant deux jours. Mais j'avais tout ce qu'il me fallait. Puis, je suis allée à Saint-Louis où j'ai loué un appartement via Gîtes de France pendant dix jours. Pendant ce temps-là, j'ai fait énormément de choses.

DOMINIQUE : C'est-à-dire ?

PHILIPPE : J'ai fait beaucoup de randonnées par exemple dans le cirque de Cilaos. La nature y est vraiment fantastique, tu ne peux même pas imaginer. Tu peux aussi passer tes

---

journées au bord de la mer, mais attention : depuis quelque temps, il y a tellement de requins que c'est vraiment très dangereux de se baigner dans la mer – il y a déjà eu pas mal d'accidents ! Alors je suis resté sur la plage à regarder des baleines !

DOMINIQUE : Tu as vu des baleines ? C'est trop beau !

PHILIPPE : Effectivement. Et il y avait du monde sur la plage !

DOMINIQUE : Et dis-moi, comment on fait pour tout voir en trois semaines ?

PHILIPPE : Eh ben, c'est impossible ! Pour en voir un maximum, j'ai fait un circuit en hélicoptère. J'avais une vue magnifique sur le volcan du Piton de la Fournaise, sur la mer et sur les rivières.

DOMINIQUE : Et tu n'avais pas peur ?

PHILIPPE : Mais non ! Je n'avais pas le temps d'avoir peur, il y avait tellement de choses à voir.

DOMINIQUE : Es-tu également monté sur le volcan ?

PHILIPPE : Oui. Après mon séjour à Saint-Louis, j'ai passé cinq jours chez une famille qui habite dans la ville le Tampon. Ils louent des chambres aux touristes. J'ai cherché une chambre très proche du volcan parce que si tu veux bien le voir, il faut que tu te lèves très, très tôt le matin. Souvent, il fait beau seulement jusqu'à 10 ou 11 heures et cela peut être très dangereux de se promener sur le volcan quand il y a des nuages et du brouillard. Alors, je suis parti à 4 heures du matin et j'ai eu la chance de rencontrer des randonneurs sympas qui m'ont accompagné.

DOMINIQUE : Ça m'intéresse aussi, les volcans.

PHILIPPE : Alors il faut que tu ailles à la Réunion, toi aussi. Tu peux aussi visiter la maison du volcan et apprendre plein de choses – non seulement sur le Piton de la Fournaise, mais aussi sur des volcans dans le monde entier.

DOMINIQUE : Est-ce que tu as visité d'autres musées ?

PHILIPPE : Pas de musées, mais d'autres curiosités. Par exemple à Saint-Leu, il y a un aquarium public où tu te trouves en face de très grandes tortues. C'est très beau à voir, surtout pour les enfants. Et comme je suis un très grand fan de la vanille, j'ai assisté à une visite guidée chez un propriétaire de plantation de vanille à Saint-André. En fait, lui, c'est un ami de mon père et il m'a hébergé dans sa maison pendant mes derniers quatre jours sur l'île. J'ai acheté beaucoup de vanille chez lui, alors si tu as envie de venir chez moi manger un dessert à la vanille…

DOMINIQUE : C'est une excellente idée. Et tu me montreras toutes tes photos, d'accord ?

PHILIPPE : D'accord, il faut que j'y aille maintenant ! Salut !

DOMINIQUE : Salut !

28

Lieu où Philippe a habité	Sorte de logement	Durée en jours
Saint-Denis	**(petit) hôtel (simple)**	**2** jours
Saint-Louis	**appartement (via Gîtes de France)**	**10** jours
Le Tampon	**famille/chambre**	**5** jours
Saint-André	**maison de l'ami de son père**	**4** jours

29

☐	visite de la fabrication du rhum	☒	randonnée dans la nature
☒	visite d'un aquarium	☒	visite de la plantation de vanille
☐	visite d'un musée historique	☐	excursion en bateau

30 Il ne voulait pas se baigner parce qu'il y a beaucoup de requins./Il y a déjà eu des accidents avec des requins dans la mer.

31

		vrai	faux
a)	Au bord de la mer, il y avait beaucoup de gens.	☒	☐
b)	Pendant le vol en hélicoptère, Philippe avait une super vue sur la mer et le volcan.	☒	☐
c)	Philippe avait peur en hélicoptère.	☐	☒
d)	Philippe est parti au volcan à dix heures.	☐	☒
e)	Philippe a rencontré d'autres randonneurs au volcan.	☒	☐
f)	Dans la maison du volcan, il y a des informations sur beaucoup de volcans différents.	☒	☐

Actualités du jour

Transcription du document audio

SILVIANE : Bonjour à tous. Voici l'actualité du jour. Nous commençons par la rubrique « Politique » où le scandale autour du président de la République ne prend pas fin. Il y a quelques jours, un magazine a publié, pour la première fois dans l'histoire de France, des photos du président le montrant en compagnie de sa nouvelle compagne. Selon la loi française, les médias sont obligés de respecter la vie privée du président. Celui-ci s'est beaucoup énervé, mais a décidé de ne pas poursuivre le magazine en justice. D'après des sondages récents, cette histoire divise les Français. Les uns pensent qu'il est important que la population soit au courant de la vie privée du président car celle-ci influence la politique, l'image de la France et les relations internationales. D'autres sont d'avis que sa vie doit rester secrète – elle l'a toujours été dans l'histoire de la République et cela n'a jamais empêché un président de faire son travail correctement.

JULIEN : Merci, Silviane, pour ces informations. Passons à la rubrique « Culture ». L'autre nouvelle du jour fera plaisir aux fans d'Astérix et Obélix : car ceux-ci font leur grand retour ! Pas au cinéma cette fois-ci, mais après quatre années de pause, le 35ème tome[1] vient de paraître. Très attendu par les fans, cet album est réalisé pour la première fois sans son dessinateur Albert Uderzo. À l'âge de 85 ans, il a décidé de faire place au dessinateur de BD Didier Conrad qui envoie Astérix chez les Pictes – des guerriers cruels habitant dans le nord de l'Écosse. À lire absolument !

SILVIANE : Je suis bien d'accord avec toi, Julien. Passons du lancer de tronc d'arbre comme le pratique Obélix chez les Pictes à la rubrique « Sport », et là au sport de plus en plus populaire en France : le handball. Loin d'être les favoris du championnat d'Europe de handball, les Bleus sont redevenus champions d'Europe pour la troisième fois en battant les Danois chez eux avec 41 à 32 hier soir. Appelés « les Indestructibles » par les journalistes, les joueurs français ont de nouveau montré qu'ils sont les meilleurs en Europe bien qu'une partie de l'équipe termine bientôt sa carrière.

JULIEN : Faire un peu de sport au lieu d'utiliser le smartphone en permanence, cela ferait du bien aux jeunes élèves aussi ! Voilà la rubrique « Société » : d'après une étude américaine, les jeunes accros au smartphone ont de mauvais résultats scolaires. Cette technologie provoque une forte addiction, on peut presque comparer l'utilisation du smartphone à la consommation de la drogue. Les jeunes ont leur smartphone toujours sur eux : au lit, au bureau, à table et même aux toilettes ! Par conséquent, ils ont moins le temps de travailler pour l'école et sont moins concentrés. Le conseil des chercheurs : mettre son smartphone plus souvent en mode d'avion pour éviter la dépendance et pour favoriser la réussite à l'école !

SILVIANE : C'est une bonne idée. Passons à la météo, Julien. Est-ce que le temps ce week-end nous permettra de sortir un peu pour faire du sport ?

JULIEN : Malheureusement pas. La série des tempêtes continue sur la côte Atlantique. Après la tempête il y a deux semaines avec des vagues de 10 à 17 mètres, nous attendons de nouveau des vents violents. Actuellement, nous sommes dans le classique avec le passage d'une dépression, mais à partir de demain, ça va vraiment, vraiment se dégrader. Pour l'instant, les températures sont en baisse comparées à hier, avec un mi-

nimum de 0 °C à Paris et un maximum de 15 °C à Marseille. Cette nouvelle dépression donne des vents forts, surtout sur les côtes bretonnes et beaucoup de pluie sur les côtes de la Manche, il y a même de forts risques d'inondations. Le mauvais temps se décalera lentement vers la région Lyonnaise où pour l'instant le temps reste plutôt sec avec des températures douces autour de 10 °C. Autour de la Méditerranée, nous aurons du soleil comme d'habitude, 12 °C à Nice cet après-midi. Voilà pour cette journée plutôt grise même si les températures restent au dessus des normales de saison.
SILVIANE : Merci, Julien, je crois que je vais m'enfuir en Provence ce week-end…

1 le 35ème tome : Maintenant il y a environ 40 tomes d'Astérix.

32
☐ Le président de la République a poursuivi en justice un magazine qui avait publié des photos de lui et de sa nouvelle amie.

☒ Un magazine a publié des photos du président de la République et de sa nouvelle amie. Les Français ont des opinions différentes là-dessus.

☐ La plupart des Français ne soutiennent plus le président de la République après qu'un magazine a publié des photos de lui et de sa nouvelle amie.

33 « L'autre nouvelle du jour fera plaisir aux fans d'Astérix et d'Obélix : car ceux-ci font leur grand retour ! Pas au **cinéma** cette fois-ci, mais après **quatre** années de pause, le **35**ème tome vient de paraître. Très attendu par les fans, cet album est réalisé pour la première fois sans son dessinateur Albert Uderzo. À l'âge de **85** ans, il a décidé de faire place au dessinateur de BD Didier Conrad qui envoie Astérix chez les Pictes – des guerriers cruels habitant dans **le nord** de l'Écosse. À lire absolument ! »

		vrai	faux
34 a)	Le texte parle du football.	☐	☒
	Il parle du handball.		
b)	Les Français sont champions d'Europe pour la deuxième fois.	☐	☒
	Ils le sont pour la troisième fois.		
c)	Les Français ont gagné contre le Danemark.	☒	☐
d)	Les Français ont gagné 42 à 31.	☐	☒
	Ils ont gagné 41 à 32.		
e)	Quelques joueurs vont bientôt arrêter de jouer.	☒	☐

35 a) [X] font peu de sport.

   [ ] ont de mauvaises notes à l'école.

   [ ] ont moins le temps de travailler pour l'école.

b) [ ] d'éteindre leur smartphone pendant qu'ils travaillent.

   [ ] de donner leur smartphone aux parents pendant qu'ils travaillent.

   [X] de mettre leur smartphone en mode d'avion pendant qu'ils travaillent.

36

[ ] ☀ [X] 🌧 [ ] 🎏
Côtes de la Manche

[ ] ☀ [ ] 🌧 [X] 🎏
Côtes bretonnes

0 °C
● Paris

10 °C
● Lyon

15 °C
Marseille
●

Côtes méditerranéennes
[X] ☀ [ ] 🌧 [ ] 🎏

Le racisme

Transcription du document audio

ANIMATEUR : On va passer au magazine *Specimen* de ce soir, avec vous Éric Burnand, *Specimen* qui va décrypter le racisme ordinaire et la façon dont se construisent les stéréotypes qui mènent à la discrimination. Alors, vous êtes l'auteur avec Bettina Hofmann de cette émission dont le titre est éloquent, ce titre, c'est « Je ne suis pas raciste, mais… ». Vous n'allez quand même pas me dire que ça sonne comme un aveu, vous n'êtes pas personnellement concerné, Éric, non ?

ÉRIC : Oui, oui. Je suis concerné comme vous, comme tout le monde. Parce que je crois qu'on dit souvent « Je ne suis pas raciste, mais… » Parce que c'est une réalité qu'on connaît, on se défend d'être raciste et puis dans un deuxième temps, si on gratte un petit peu, si est franc avec soi-même, eh ben on est bien obligé d'admettre qu'on est tous pleins, pleins de préjugés les uns ou sur les autres, surtout sur ceux qui ne nous ressemblent pas, pour une raison ou une autre qui nous font peur. Alors ces préjugés, même les plus stupides vous le savez, ben… ça induit la discrimination. Alors je vous propose un petit exemple très concret avec le témoignage de Claudia, une femme dont vous reconnaîtrez peut-être la voix et qui a de très mauvais souvenirs de ses camarades de classe.

CLAUDIA : Je me souviens une fois, toutes les places étaient prises, et il y a un de mes camarades qui a voulu s'asseoir à côté de moi, mais simplement parce que c'était la dernière place de libre, c'est tout. Et les autres lui ont hurlé « Mais quelle horreur ! Tu te mets à côté de Claudia ! » Et lui, je me rappelle, il s'appelle Frédéric, il dit « Mais, c'était la dernière place de libre, je n'y peux rien ! » Il a un tout petit peu tiré son pupitre vers la gauche pour ne pas être trop proche de moi. Mais en même temps, si vous voulez moi, je n'ai pas éclaté en sanglots à ce moment-là parce que… Ben… c'est quelque chose de quotidien et de récurrent.

ANIMATEUR : Et bon, Éric Burnand, qu'est-ce qu'elle avait, cette pauvre Claudia, pour être pareillement rejetée, elle avait la peste, ou quoi ?

ÉRIC : Non, non. Elle avait simplement les cheveux roux, une très belle chevelure rousse. C'était une très jolie petite fille rouquine. Elle l'est restée d'ailleurs parce que les téléspectateurs romands la connaissent, c'est Claudia qui présente la météo. Alors comme beaucoup d'enfants rouquins, c'est uniquement à cause de sa chevelure flamboyante qu'elle a été brimée et rejetée par ses camarades. En fait, elle a été victime de ces préjugés délirants qui stigmatisent les roux depuis la nuit des temps. Les femmes, vous le savez, sont associées aux sorcières et aux prostituées. Quant aux garçons, « poil de carotte », ils passent un peu pour les fils du diable.

---

http://www.rts.ch/audio/la-1ere/programmes/cqfd/5238957-sommes-nous-tous-racistes-09-10-2013.html

37
- [ ] un reportage.
- [X] une interview.
- [ ] un portrait.

38 « Je **ne suis pas raciste**, mais... »

39 Ils deviennent racistes et discriminent les autres parce qu'ils ont des préjugés sur les autres.

40 CLAUDIA : « Je me souviens une fois, toutes les **places** étaient prises, et il y a un de mes camarades qui a voulu **s'asseoir** à côté de moi, mais simplement parce que c'était la dernière place de libre, c'est tout. Et les autres lui ont hurlé « Mais quelle horreur ! Tu te mets à côté de Claudia ! ». Et lui, je me rappelle, il s'appelle Frédéric, il dit « Mais, c'était la dernière place de libre, je n'y peux rien ! ». Il a un tout petit peu tiré son pupitre vers **la gauche** pour ne pas être trop proche de moi. Mais en même temps, si vous voulez moi, j'ai pas éclaté en sanglots à ce moment-là parce que... Ben... c'était quelque chose de **quotidien** et de récurrent. »

41 a) [X] elle était différente.

       [ ] elle était malade.

       [ ] ses parents étaient pauvres.

    b) [ ] prostituée.

       [X] présentatrice de la météo.

       [ ] professeur.

42

Femmes	Hommes
[ ] aux fées	[ ] au diable
[X] aux sorcières	[ ] aux Irlandais
[X] aux prostituées	[X] aux fils du diable

Médiation

Deutsch-Französischer Freiwilligendienst

1 **Le service volontaire de Gabriel à Unis-Cité**
Gabriel a choisi le service volontaire pour deux raisons : premièrement, il voulait approfondir ses connaissances en français et deuxièmement, il voulait passer une année dans un entourage différent et faire de nouvelles expériences avant de commencer ses études à l'université. Il a travaillé pour l'organisation Unis-Cité à Toulouse avec sept autres volontaires. Il a participé à l'organisation d'un marché solidaire et à un projet avec des personnes âgées pendant lequel elles ont écrit des textes qui racontent leur vie.

Gabriel trouve le service volontaire franco-allemand plus enrichissant que le service volontaire « normal » parce qu'on a la possibilité de découvrir un nouveau pays et sa culture. En plus, on apprend à parler une autre langue et à être plus ouvert et indépendant.

Les expériences de Gabriel ont influencé son choix d'études : après son service volontaire, il a commencé à faire des études de sciences sociales à Strasbourg.

(156 mots)

Bundesfreiwilligendienst

2 Bonjour Béatrice,

Évidemment que je peux t'aider. Il y a trois raisons pour lesquelles les jeunes se décident à devenir *Bufdi*. Les uns posent leur candidature tout simplement parce qu'ils ne savent pas quoi faire après l'école. Les autres font le service volontaire parce qu'ils veulent vraiment s'engager pour d'autres personnes pendant une année. De plus, le travail en tant que volontaire est une aide pour l'orientation professionnelle des jeunes : beaucoup d'eux veulent travailler dans les soins à la personne après avoir fait leur service volontaire.

Tout de même, il est difficile de devenir volontaire parce qu'il y a moins de postes que de candidats.

Ton Lukas a donc eu de la chance ! Le texte dit sur lui qu'il veut avoir de l'expérience pour la vie en travaillant dans un hôpital. L'auteur du texte parle aussi des tâches de Lukas : il se lève tôt et porte lourd pour aider des personnes qui ont des problèmes de reins ou de poumons. Il parle souvent avec eux et les aide où il peut. Mais il va s'arrêter en août parce qu'il ne gagne pas assez d'argent dans les soins à la personne et parce qu'il veut fonder une famille plus tard (peut-être avec toi ? ☺).

Ça te va comme réponse ? Passe le bonjour à Lukas !

Daniel

(220 mots)

Verkürzung der Studiendauer

3 Bonjour Emma,

Je vais essayer de répondre aux questions que tu m'as posées hier. Karin Wilcke pense que la réduction de la durée des études est mauvaise pour la confiance des étudiants en eux-mêmes. Ceux-ci ont l'impression de se trouver encore à l'école et de devoir réussir très vite dans leurs études. Donc, ils ont perdu la légèreté qu'avaient les étudiants d'autrefois, sont sous pression en ce qui concerne leur avenir et ne sont plus sûrs d'eux-mêmes.

La conseillère d'orientation professionnelle reproche à la politique de dire que l'économie a besoin de travailleurs de plus en plus jeunes. Mais en réalité, les hommes politiques veulent dépenser moins d'argent pour l'éducation, alors ils emploient moins de professeurs et réduisent ainsi la durée des études.

J'espère que j'ai pu t'aider.

À bientôt !

(131 mots)

Parkour

4 **Le parkour**

Le parkour est un sport où on doit bouger dans l'espace et franchir des obstacles (comme des maisons, des escaliers, etc.) en courant, en grimpant et en sautant. On peut le pratiquer en ville ou dans la nature. Les mouvements qu'on fait sont acrobatiques, élégants et très contrôlés. C'est pour cela que beaucoup de gens considèrent le parkour plutôt comme un art qu'un sport.

Le parkour est né dans le nord de la France : un ancien soldat montre à son fils, David Belle, comment bouger dans les forêts sans se servir de chemins officiels. Au début des années 80, David Belle commence à faire la même chose dans la grande ville. À partir de ce moment-là, le parkour se transforme en un sport très à la mode et fait toujours partie de la culture des jeunes en France.

Pour faire du parkour, on a seulement besoin de chaussures de sport, d'une bonne maîtrise du corps et de la créativité.

(162 mots)

Modesport Longe Côte

5

Le longe-côte

1. Qu'est-ce que c'est, le longe-côte ?

   Le longe-côte est un sport qu'on pratique en mer : on est dans l'eau jusqu'aux épaules et on marche pendant quelques kilomètres à l'aide de pagaies. Cela peut être très fatigant.

2. Où en France est-ce qu'on peut faire du longe-côte ?

   C'est possible de faire du longe-côte à Hauteville-sur-Mer en Normandie, à Dunkerque et dans quelques villages situés au bord de l'Atlantique.

3. Qui peut faire du longe-côte ?

   C'est un sport que tout le monde peut faire : les hommes, les femmes, les vieux, les jeunes et même les personnes qui ne sont pas très sportives ou qui ont peur de la mer.

4. De quoi est-ce qu'on a besoin pour faire du longe-côte ?

   Pour pratiquer ce sport, on a besoin d'une combinaison en néoprène, de protèges-bas et de pagaies. En hiver, il faut mettre un bonnet en néoprène et des gants en plus.

5. Quels sont les effets du longe-côte sur la santé ?

   Le longe-côte est très bon pour la santé : les mouvements doux protègent les articulations et comme on n'est pas lourd dans l'eau, on n'a presque pas de courbatures après. En plus, le cœur, la circulation et les poumons profitent de ce sport. Finalement, le sel dans l'eau est très bon pour la peau, car marcher dans l'eau est comme un massage.

(179 mots)

Deutsch-französisches Geschichtsbuch

6 1. Qui a eu l'idée de ce manuel et comment a-t-il été réalisé ?

En 2003, on a fêté le 40ème anniversaire de l'amitié franco-allemande et des élèves participant à une rencontre du Parlement franco-allemand des Jeunes ont proposé un projet commun, le manuel franco-allemand d'histoire. La France et l'Allemagne étaient d'accord, alors dix historiens français et allemands ont écrit ce manuel ensemble.

2. À qui s'adresse ce manuel ?

Le manuel s'adresse aux élèves français et allemands. En Allemagne, c'est le seul manuel scolaire qui puisse être utilisé dans tous les 16 länder.

3. Quels sont les aspects positifs de ce manuel ?

D'abord, on trouve beaucoup d'images dans le manuel. Puis, il est normal aujourd'hui pour les jeunes Allemands et Français de travailler avec un manuel commun bien que les relations entre la France et l'Allemagne aient été difficiles pendant le XXe siècle. Finalement, les jeunes élèves français et allemands s'occupent non seulement de leur propre histoire, mais aussi de l'histoire de l'Europe.

4. Est-ce qu'il y a des sujets qui ont posé problème ? Lesquels et pour-quoi ?

D'abord, c'est le rôle des États-Unis qui a posé problème. Les Allemands croient que les États-Unis les ont beaucoup aidés dans le développement politique et économique de leur pays alors que pour les Français, les Américains étaient toujours plutôt des concurrents.

Ensuite, les deux pays ont une opinion différente sur le communisme : alors que celui-ci était très important pour les Français dans les années 1950 et 1960, les Allemands pensent plutôt aux côtés négatifs du communisme en RDA. *(212 mots)*

Voisins solidaires

7 Liebe Nachbarn,

ich habe von einem Nachbarschaftsprojekt in Frankreich gehört, das ich Ihnen/ euch heute gerne vorstellen möchte.

Es geht um das Projekt *Voisins solidaires* (= solidarische Nachbarn), das der Unternehmer und stellvertretende Bürgermeister des 17. Pariser Bezirks, Atanase Périfan, ins Leben gerufen hat und das bereits in 13 französischen Städten läuft. Bei diesem Projekt geht es darum, ein Nachbarschaftsnetz aufzubauen, in dem sich jeder solidarisch zeigt und seinen Nachbarn hilft, zum Beispiel wenn es heißt, sich um Haustiere zu kümmern, während der Nachbar im Urlaub ist. So lebt man nicht mehr zurückgezogen und die Nachbarn sind einem nicht mehr gleichgültig, sondern man lernt sich besser kennen.

Um teilzunehmen muss man sich nur auf einer Webseite eintragen und Ideen vorschlagen, wie man seinen Nachbarn helfen kann, und schon ist man ein *voisin solidaire.*

Was halten Sie/haltet ihr davon, wenn wir das in kleinem Kreis auch bei uns einführen? Ich würde mich über zahlreiche Rückmeldungen freuen!
Euer Lukas Heinrich, 1. Stock

(160 Wörter)

Service volontaire

8 Der Freiwilligendienst – eine bereichernde Erfahrung im Ausland

Géraldine Rennert kommt aus Forbach im Departement Moselle. Nach zwei Jahren Informations- und Kommunikationsstudium in Frankreich absolviert sie gerade ihren Freiwilligendienst in einer Werkstatt für behinderte Menschen in Berlin.

Auf die Idee, ein Jahr nach Deutschland zu gehen, kam sie durch Zufall, als sie in einem Informationszentrum auf einen Flyer des Deutsch-Französischen Jugendwerks stieß. Ihr gefiel die Vorstellung, Berufserfahrung zu sammeln und dabei gleichzeitig besser Deutsch zu lernen, denn sie wohnt nahe der deutsch-französischen Grenze, spricht die deutsche Sprache in ihren Augen aber nicht gut genug.

In Berlin arbeitet sie in einem Team von fünf Betreuern und kümmert sich dort tagsüber um insgesamt neun Menschen mit mehrfacher Behinderung. Sie unterstützt diese bei ihrer Arbeit in den verschiedenen Werkstätten und kümmert sich auch um die Mahlzeiten.

Anfangs war es nicht leicht für sie: Einerseits kannte sie sich in der Welt der Menschen mit Behinderung nicht aus und andererseits sprach sie nicht gut genug Deutsch. Doch mithilfe nonverbaler Kommunikation klappte die Verständigung auch so. Ihre Arbeit gefällt ihr mittlerweile so gut, dass sie ihren Studiengang wechseln und in Deutschland Sozialarbeiterin werden möchte. Sie kann sich aber auch vorstellen, zurück nach Frankreich zu gehen und eine Ausbildung zur Sozialpädagogin zu machen. Auf alle Fälle kann sie den Freiwilligendienst sehr empfehlen, weil sie während dieser Zeit Einblicke in neue Bereiche bekam und sich dabei auch noch selbst besser kennenlernen konnte.

(233 Wörter)

AbiBac

9 Kannst du mir bitte erklären, was das AbiBac genau ist?
Das AbiBac ist eine Abiturprüfung, mit der man seit 1994 das französische
baccalauréat und das deutsche Abitur gleichzeitig erwerben kann.

Wo kann man das AbiBac erwerben?
Im Moment kann man es an insgesamt 76 Gymnasien machen. Die meisten
davon befinden sich in Frankreich, eins in Übersee und fünf sind sogenannte
lycées français in Deutschland.

Für wen kommt das AbiBac in Frage?
Das AbiBac kommt für alle Schüler in Frage, die den sprachlich-philosophi-
schen, wirtschaftlich-sozialwissenschaftlichen oder naturwissenschaftlichen
Zweig gewählt haben und gut in Deutsch sind.

Wie sieht der Lehrplan aus?
Der Lehrplan entspricht in den meisten Fächern dem normalen Lehrplan des
französischen *lycée*. Allerdings haben die Schüler, die ein AbiBac erwerben
wollen, sechs Stunden in der Woche Deutsch und vier Stunden in der Woche
Geschichts- und Geografieunterricht, der ausschließlich auf Deutsch stattfin-
det.

Wie läuft die Abiturprüfung ab und welche Vorteile bietet das AbiBac?
Die Schüler schreiben die ganz normale Abiturprüfung ihres Zweiges. Zusätz-
lich legen sie weitere Prüfungen auf Deutsch ab: eine schriftliche über Literatur
und eine mündliche, bei der ein deutscher Prüfer dabei ist, sowie eine schriftliche Prüfung in Geschichte und Geografie über den Stoff der drei Jahre am
Gymnasium. Besteht man das AbiBac, kann man ohne Einschränkung sowohl
an deutschen als auch französischen Universitäten studieren.   *(175 Wörter)*

Paris Night Ride

10 Liebe Nathalie,
du wolltest heute Morgen wissen, was in dem Zeitungsartikel genau steht. Der
Text handelt von Busfahrten in einem ausrangierten Bus der Pariser Verkehrsbetriebe, der mit Videobildschirmen, DJ-Anlage und Toiletten ausgestattet ist.
Während der Fahrt spielt ein DJ Technomusik und die Fahrgäste erhalten auf
vier Bildschirmen Informationen zu den Pariser Sehenswürdigkeiten auf Französisch und Englisch. Außerdem bekommt jeder Passagier ein Glas Cham-
pagner. Der Gründer der Paris Night Ride, Nicolas d'Issernio, hat die Busfahr-

ten ins Leben gerufen, weil er eine Alternative zu den klassischen Stadtbesich-
tigungen anbieten möchte.

Die Fahrten richten sich vor allem an ein junges Publikum, das gerne feiert.
Sowohl Gruppen als auch Unternehmen sind willkommen. Es können maxi-
mal 35 Personen mitfahren, wobei es nur 23 Sitzplätze im Bus gibt. Security ist
auch an Bord.

Die Busse fahren montags um 21.30 Uhr gegenüber dem Louvre ab. Während
der etwa zweistündigen Fahrt durchstreifen sie die schönsten Straßen von
Paris und kommen an den wichtigsten Sehenswürdigkeiten vorbei.

Eine Fahrt kostet 45 Euro. An den nächsten beiden Montagen gilt jedoch noch
ein Einführungspreis von 35 Euro pro Ticket.

Ich hoffe, ich konnte dir helfen. Viel Spaß noch in Paris!   *(187 Wörter)*

Production écrite

La dispute

1 GARÇON : Mais qu'est-ce qu'il y a ? Pourquoi tu fais la tête comme ça ? Nous sommes en **vacances**, il fait beau **temps** et tout va bien !

FILLE : Laisse-moi tranquille ! Je suis **énervée** parce que tu veux **visiter** tous les **musées** de la ville ! Tu as raison : il fait super beau. Donc, je n'ai pas du tout envie d'aller dans des musées, mais de m'asseoir tranquillement à la terrasse d'un **café** et de profiter du **soleil**.

GARÇON : Ma chérie, je peux te comprendre. Mais tu sais que pour moi, la **culture** est très importante. Mais je vois que tu es de mauvaise humeur. Alors, j'ai une idée : on pourrait prendre un verre ou manger une glace dans un café maintenant, et puis, je vais au musée **seul** et toi, tu fais un peu de **shopping** dans les magasins. Après, on se retrouve à l'**hôtel** et ce soir, on va manger dans un **restaurant** chic. Qu'est-ce que tu en penses ?

FILLE : C'est une très bonne **idée**. Je suis d'accord. À plus tard !

GARÇON : À plus tard !   *(190 mots)*

Le coup de foudre

2 FILLE : Mais qu'est-ce qu'il veut, ce garçon-là ? Pourquoi est-ce qu'il me regarde tout le temps ? Ça fait 10 minutes qu'il est là, mais il ne fait rien ! Je suis une fille handicapée et je ne peux pas quitter mon fauteuil roulant. Il est si beau. Je suis sûre qu'il peut sortir avec qui il veut. Probablement, il a déjà une copine. Alors pourquoi moi ? Qu'est-ce que je fais maintenant ? Est-ce que je me retourne ou pas ? Et après ? Est-ce qu'il va me parler ? Moi, je n'oserai pas lui parler. Peut-être qu'il attend quelqu'un ? Je pense que je vais m'en aller. Tant pis !   *(111 mots)*

GARÇON : Qu'est-ce qu'elle est jolie, cette fille ! J'aime son visage et ses cheveux. Mais elle ne se retourne pas. Qu'est-ce que je fais maintenant ? Est-ce que je lui parle ? Elle va certainement penser que je ne suis pas sérieux et que je ne m'intéresse pas vraiment à elle. Oui, elle est handicapée (ou a-t-elle seulement eu un accident ?) et assise dans un fauteuil roulant, mais tant pis ! J'ai envie de la connaître quand même. Il y a beaucoup de couples où un des deux est handicapé. Beaucoup d'eux mènent une vie normale et ont même des enfants. Si elle se retourne, je vais lui dire bonjour.   *(110 mots)*

Aider un camarade de classe

3 Salut Laure,

Je comprends bien ta situation. Je suis d'origine marocaine aussi et quand ma famille est venue en France, ce n'était pas facile pour moi. Au début, les élèves de ma classe ne m'ont pas vraiment acceptée. Heureusement qu'il y avait une fille qui a été très gentille avec moi.

Je te conseille de parler à Mohammed et de l'inviter chez toi après l'école ou le week-end. Comme ça, il peut te parler de ses problèmes et en même temps, il peut s'entraîner en français. Peut-être que vous deviendrez même amis ! Ou bien, tu lui proposes de sortir avec toi et tes amis ?

En ce qui concerne les élèves de ta classe, je te conseille de leur parler (pas à tous en même temps, mais à certains) et de leur demander pourquoi ils n'aiment pas Mohammed. Peut-être qu'ils ne se rendent même pas compte qu'il souffre de la situation !

Si cela n'aide pas, je pense que tu dois en parler à un ou plusieurs professeurs. Peut-être qu'ils peuvent parler en cours de la situation de Mohammed. Je suis sûre que les autres élèves changeront leur comportement après.

Bonne chance !   *(194 mots)*

Le Chat au téléphone

4 La BD humoristique raconte une petite histoire que le Chat, le héros de Philippe Geluck, a vécue.

La première vignette représente le Chat au volant pendant qu'il utilise son téléphone de voiture. Il parle tout seul et dit que certaines personnes sont d'avis que le téléphone de voiture peut être dangereux pour la sécurité.

Sur la deuxième vignette, on voit comment la voiture du Chat glisse sur la route et la quitte, ce que le Chat commente par un « Oups ! ». Probablement, le Chat n'a plus fait attention à la route parce qu'il s'est trop concentré sur son coup de fil.

La troisième vignette finalement montre le résultat de l'accident : la voiture du Chat est rentrée dans un arbre et est cassée. Apparemment, le Chat n'est pas blessé. Il tient toujours le téléphone à la main et constate qu'il reste quand même utile parce qu'il peut appeler les secours maintenant.

À mon avis, l'illustrateur veut exprimer par cette BD de façon très sarcastique que c'est vraiment dangereux d'utiliser un téléphone pendant qu'on est en train de conduire une voiture. Tout de même, le dessinateur fait savoir au lecteur que les téléphones de voiture (c'est bien sûr la même chose pour les portables) sont pratiques aussi en cas d'accident. Mais il faut seulement les utiliser pour appeler la police après un accident (ou quand on voit un accident de quelqu'un d'autre) et ils ne doivent surtout pas être la raison d'un accident.

(244 mots)

Être écologiste

5 Salut Yohann !

Je trouve super que tu veuilles protéger l'environnement ! C'est déjà une bonne idée de prendre la voiture moins souvent. Utilisez les transports en commun ou le vélo ! Mais tu as demandé ce que vous pouvez faire d'autre.

Dans les magasins, évitez de prendre des sacs en plastique et laissez-y autant d'emballages possibles ! Et achetez surtout des emballages recyclables, comme des bouteilles en verre au lieu des bouteilles en plastique. Et je trouve important de choisir des produits qui viennent de la région, c'est meilleur pour la santé et on évite de longs transports !

À la maison, vous devez absolument trier les déchets. Mais il y a d'autres choses à faire : vous pouvez économiser de l'électricité en éteignant la lumière, la télé et l'ordinateur quand vous n'en avez pas besoin. Ou bien vous pouvez éviter de laisser couler de l'eau tout le temps pendant que vous prenez votre douche ou pendant que vous vous brossez les dents. D'ailleurs, il faut savoir qu'on consomme moins d'eau en prenant une douche qu'un bain ! Quand vous avez froid, il ne faut pas tout de suite monter le chauffage, on peut aussi mettre des vêtements plus chauds !

Bon courage !

(205 mots)

Poser sa candidature

6 Julia Maier
Goethestraße 16
93049 Regensburg/Ratisbonne
ALLEMAGNE

L'Hôtel Beau Site
M. Dupont
5 rue Mignet
83990 Saint-Tropez
FRANCE

Objet : candidature pour le poste d'animatrice dans votre hôtel

Ratisbonne, le 14 avril 2015

Monsieur,

Suite à votre annonce sur Internet, je me permets de poser ma candidature pour le stage comme animatrice dans votre hôtel.

Lycéenne allemande, je vais passer mon baccalauréat en juin et j'aimerais bien travailler pendant quelque temps en France avant de commencer mes études de français et de sport en automne. Plus tard, j'aimerais devenir professeur de lycée.

Grâce à un stage effectué dans une maison de jeunes à Ratisbonne l'année dernière, j'ai déjà de l'expérience avec des enfants de 8 à 14 ans et j'ai bien aimé le travail avec eux. Pendant ce stage, j'ai appris également à gérer des groupes d'enfants (seule et avec d'autres lycéens). En plus, je fais du babysitting depuis trois ans : deux fois par semaine, je garde les enfants des voisins qui ont 9 et 11 ans.

Étant très sportive (je fais de la danse classique depuis plus de 10 ans et joue au volley depuis l'âge de 12 ans), je me sens aussi tout à fait capable d'organiser des activités sportives pour les enfants.

Depuis que je suis toute petite, ma famille passe ses vacances en Angleterre ou en France, j'ai donc un niveau assez bon en anglais et en français.

Ci-joint, vous trouverez mon CV et mon certificat de stage (en langue allemande).

Dans l'attente de votre réponse, je vous prie d'agréer, Monsieur, mes salutations distinguées.

Julia Maier

Pièces jointes : CV, certificat de stage

(250 mots)

Perspectives d'avenir

7   La caricature de Plantu montre un bébé allongé dans un landau. Probablement, il s'agit d'une petite fille, car le landau est décoré de fleurs et d'une boucle et le bébé porte des vêtements de fille. À gauche du landau, on aperçoit un biberon que la petite fille vient de jeter avec sa main droite. La petite est en train de se redresser et on a l'impression qu'elle veut se lever. Elle a l'air très sérieuse et triste. En disant « Bon, c'est pas tout ça, faut que je pense à mon bac ! », elle veut montrer que pour elle, il est temps d'arrêter sa vie de bébé. À partir de maintenant, elle n'aura plus le droit d'être tout simplement allongée dans son landau et de boire son biberon, mais il faudra qu'elle prenne des responsabilités, qu'elle commence sa scolarité et qu'elle pense déjà à son baccalauréat.
Je trouve l'ambiance de cette caricature très sérieuse et son message très ironique : à mon avis, le dessinateur veut montrer au lecteur que les enfants d'aujourd'hui n'ont plus le droit d'être enfant même très jeune. Au lieu de laisser les enfants jouer et s'amuser, on leur demande déjà très tôt (bien sûr pas à l'âge du bébé de la caricature, mais pas très longtemps après) de se comporter comme des adultes. Je trouve bien que le dessinateur critique cette tendance de la société qui me rend triste également.   *(236 mots)*

Les utilisateurs de Facebook

8   Ce diagramme à barres décrit la répartition des utilisateurs de Facebook selon leur sexe et leur âge.
La statistique montre que la plupart des gens utilisant Facebook ont entre 18 et 34 ans et que jusqu'à l'âge de 17 ans et à partir de 35 ans, moins de personnes ont un compte Facebook.
On constate d'abord que le groupe qui se sert le plus du réseau social sont les hommes entre 25 et 34 ans : avec 19 %, leur taux atteint presqu'un cinquième de tous les utilisateurs. Ils sont suivis par les hommes entre 18 et 24 ans (16 %) et les femmes entre 25 et 34 ans (13 %). Ce qui est frappant, c'est que dans toutes les tranches d'âge, le nombre d'utilisateurs féminins est identique ou inférieur à celui des hommes. Ainsi, le taux pour les 13–17 ans de sexe féminin est de 3 %, il augmente à 11 % pour les 18–24 ans et à 13 % pour les 25–34 ans.
Au-delà des 34 ans, on constate que le nombre d'utilisateurs de Facebook est en baisse permanente et que la répartition des utilisateurs masculins et féminins est beaucoup plus équilibrée. Ainsi, le pourcentage des femmes entre 35

et 44 ans et le pourcentage des hommes de la même tranche d'âge qui ont un compte Facebook sont presque identique (7 % à 9 %). Parmi les 45–54 ans, seulement 5 % des femmes et des hommes se servent du réseau social et pour les 55–64 ans, le taux baisse même à 3 % pour les deux sexes. La lanterne rouge sont les gens au-delà des 65 ans : avec un total de seulement 2 % pour les deux sexes, leur taux est le moins élevé. *(245 mots)*

Solidarité entre voisins

9 L'article de journal intitulé « Les voisins se serrent les coudes » de Willem van de Kraats, paru dans *L'Yonne Républicaine*, parle d'un projet de solidarité organisé par une jeune femme qui s'appelle Fortunade Daviet-Noual.
Elle habite à Rogny-les-Sept-Écluses où elle essaie de renforcer la solidarité entre les habitants du village. Connaissant et appréciant le principe de l'associa-tion Voisins solidaires, elle compte l'adapter également dans son village. L'idée de base, c'est que les voisins arrivent à mieux se connaître et qu'ils s'aident quand c'est nécessaire. Pour expliquer le concept aux gens, Fortunade Daviet-Noual organise des événements chez elle et elle a du succès : déjà environ 40 habitants du village participent au projet, dont chacun a un autocollant intitulé « Voisin solidaire » sur sa boîte aux lettres. Fortunade Daviet-Noual, qui rêve d'installer une plaque intitulée « Village solidaire » à l'entrée de Rogny-les-Sept-Écluses, veut continuer à soutenir les gens. Mais elle espère aussi que de plus en plus de personnes participeront et que le projet marchera bien sans elle.
(170 mots)

À la campagne ou en ville ?

10 Depuis que je suis petit, je vis à la campagne. Mais quand nous rendons visite à ma tante qui habite dans une grande ville, je me demande si je veux rester à la campagne ou déménager en ville après mon baccalauréat.
D'un côté, il faut dire que la vie à la campagne me plaît beaucoup. D'abord, la campagne est l'endroit parfait pour les enfants parce qu'il y a assez de place pour jouer et moins de dangers qu'en ville. Ensuite, tout le monde profite de la nature, de l'air pur et surtout du calme alors qu'en ville, il y a beaucoup de pol-lution et de bruit. Finalement, les loyers à la campagne coûtent moins cher que les loyers de la ville.

D'un autre côté, la vie dans une grande ville m'attire beaucoup aussi. Premièrement, il est plus facile d'y connaître des gens et de trouver des amis. En plus, il
y a plus d'offres d'emploi, donc on trouve plus facilement du travail. Mais ce
qui est le plus important, c'est la vie sociale et culturelle dans une grande ville.
Faire du shopping, aller au théâtre ou au cinéma ou visiter des musées : une
grande ville offre beaucoup de possibilités.

Finalement, je dois dire que la vie à la campagne et la vie dans une grande ville
ont des avantages. Actuellement, je profiterais probablement plus de la vie en
ville parce que je suis encore jeune. Mais quand j'aurai une famille, je préférerai
retourner à la campagne.   *(247 mots)*

Bildnachweis

Bist du bereit für deinen Einstellungstest?

Hier kannst du testen, wie gut du in einem Einstellungstest zurechtkommen würdest.

1. Allgemeinwissen
Der Baustil des Kölner Doms ist dem/der ... zuzuordnen.

a) Klassizismus   b) Romantizismus
c) Gotik   d) Barock

2. Wortschatz
Welches Wort ist das?

N O R I N E T K T A Z N O

3. Grundrechnen
-11 + 23 - (-1) =

a) 10   b) 11   c) 12   d) 13

4. Zahlenreihen
Welche Zahl ergänzt die Reihe logisch?

17 14 7 21 18 9 ?

5. Buchstabenreihen
Welche Auswahlmöglichkeit ergänzt die Reihe logisch?

e d f f e g g f h ? ? ?

a) h i j   b) h g i   c) f g h   d) g h i

Alles zum Thema Einstellungstests findest du hier:

www.stark-verlag.de   **STARK**